Hans Fink

Wie dein Kind scherzen lernt
(und andere Geheimnisse)

Gießen
2023

INHALT

Fassliche Antworten schmecken nach mehr
Anleitungen zu einer Gesprächstaktik .... Seite 5

Wie dein Kind scherzen lernt
Vom Umkehrungsvers zum gutmütigen Witz:
ein langer Marsch durch Sprache und Egozentrismus 41

Abenteuer mit dem Vogel Federlos
Ab wann Rätsel Kinder ansprechen 79

König Hänschen schenkt Schokolade
oder
Die Reductio ad absurdum als Stilmittel der Kinderliteratur 92

Bibliografie
Didaktik und Pädagogik 112
Volkskunde 114
Belletristik 114
Folklore 116

Herstellung und Verlag:
BoD-Books on Demand, Norderstedt
© Herbert Fink / 2023
ISBN: 978-3-7412-6649-2

Fassliche Antworten schmecken nach mehr

Anleitungen zu einer Gesprächstaktik

I. Die Frage

1. Lob der Frage

Vielleicht kennen Sie den alten Neckvers, der gelegentlich auch in meiner Familie zitiert worden ist:

> Lirum-larum Löffelstiel,
> kleine Kinder fragen viel.
> Fragen dies und fragen das:
> Warum ist das Wasser nass?
> Warum hat die Puppe Beine
> und kann doch nicht gehn alleine?
> Lirum-larum Löffelstiel,
> kleine Kinder fragen viel.

Lirum-larum ist synonym mit *papperlapp* und drückt Geringschätzung aus. Der Text gibt zu verstehen, dass man Kinder-Fragen nicht ernst nehmen müsse, weil sie töricht sind, wofür gleich zwei Beispiele folgen. Damit erscheint der Neckvers als Teil einer Abwehrstrategie des bequemen Erwachsenen: Wozu der Aufwand, es geht auch so … Er sublimiert unser Unbehagen, er verdrängt das schlechte Gefühl, eine Erziehungspflicht zu vernachlässigen. Nebenbei wird durch die Verbindung der Fragelust mit dem Kleinkind-Alter ein falscher Akzent gesetzt. Große Kinder fragen nämlich auch ganz gern, soweit man die natürliche Regung dazu nicht unterdrückt hat, als sie noch klein waren.

Warum fallen Kinder mit ihren Fragen zur Last? Erstens stören sie beim Überlegen sowie bei Verrichtungen, welche Gedankenarbeit oder gespannte Aufmerksamkeit erfordern, etwa beim Gespräch mit einer dritten Person – beim Einstellen von Apparaten – bei komplizierten Basteleien und Reparaturen einschließlich Kochen und Zuschneiden – beim Autolenken – beim Tippen auf der Maschine – beim Geldzählen – beim Lesen – beim Nachrichtenhören – beim Fernsehen. Manche Leute verbitten sich Fragen in der Öffentlichkeit aus Furcht, die Worte des Kindes könnten ein schlechtes Licht auf die Familie werfen, oder aus Furcht, sie könnten sich durch eine mangelhafte Auskunft blamieren. Zweitens fragen die Kinder ungeschickt. Und je kleiner ein Kind, umso geringer Wissen und Wortschatz, umso weniger verständlich die Frage; oft ist aus demselben Grund eine fassliche, mithin befriedigende Antwort auch beim besten Willen nicht möglich. Oft regt die Antwort zu weiteren Fragen an, weil sie Begriffe in das Gespräch einführt, die für das Kind neu sind, und weil sie das Kind auf bis dahin nicht beachtete Zusammenhänge aufmerksam macht.

Außerdem paart sich beim kleinen Kind Wissbegier mit Schwatzhaftigkeit. Anfang 1984 wanderte eine Nachricht über die Höchstleistungen auf diesem Gebiet durch die Presse. In der Tschechoslowakei hatten Soziologen Folgendes festgestellt: Im Alter von fünf bis zehn Jahren sprechen Kinder durchschnittlich 14.000 Wörter am Tag, mit oder ohne Partner. Sie übertreffen die Jugendlichen (10.000 Wörter) und die Seeleute während ihres Landurlaubs (13.000 Wörter). Vielleicht lassen sich die Leistungen der Frauen im Schnellsprechen durch das unaufhörliche Bemühen erklären, zwei, drei oder mehr kleine Kinder zu besänftigen, zu belehren, anzuleiten, anzuspornen und zu tadeln.

Gesunde Kinder werden scherzhaft lebendige Fragezeichen genannt. Eigentlich erlaubt uns ihre ungehemmte Wissbegier, in ihrem Geistes- und Gemütsleben zu lesen wie in einem offenen Buch. Wir erfahren nicht nur, was sie beschäftigt und was sie nicht verstehen, sondern auch, was sie bedrückt und was sie ängstigt. Ihre Fragen belegen intensive Anteilnahme am Umweltgeschehen. Umgekehrt geben schweigsame Kinder ihren Eltern Rätsel auf. Was ziehen Sie vor?

Der Volkswitz gewinnt den Spannungen im Kind-Erwachsener-Verhältnis infolge missverstandener oder heikler Fragen eine heitere Seite ab. Auch die Belletristik nimmt den Erwachsenen auf die Schippe, der vor fasslichen Antworten kneift. Es mutet noch relativ harmlos an, wenn die gute Frau Kofferl sich extra eine Person wünscht, die auf jede Frage ihres Neffen Heinrich sofort antworten kann.[1] Jaroslav Hašek macht uns weis, dass er seinen Neffen, den vierjährigen Mila, mit dem er eigentlich nur spazierengehen wollte, in der Puszta ausgesetzt hat, weil Mila ihn ohne Punkt und Komma mit Fragen löcherte.[2] Eric Malpass hat das traditionelle Tabu-Thema der Aufklärung zum Anlass gewählt: er karikiert die Befangenheit zweier gebildeter Menschen, eines Schriftstellers und seiner Frau, die unvermittelt ihrem fünfeinhalbjährigen Sohn erklären sollen, wo die Babys herkommen.[3]

Den achtjährigen Thomas lässt die bezaubernde Landschaft des Salzkammerguts kalt – er interessiert sich für die Elektrizität. Während der Fahrt über den Wolfgangsee will er wissen, ob der Schiffsmast durch einen Blitzableiter gesichert sei oder vielmehr wäre, wenn er von einem ganz starken Blitz getroffen würde, und ob man in diesem Fall ungefährdet auf dem Verdeck stehenbleiben dürfte und wie man einem Kugelblitz ausweichen müsste, vorausgesetzt, es käme einer über das Wasser gelaufen. Die Aussicht auf den Dachstein fesselt Thomas nicht; er fragt nach der Spannung in der Starkstromleitung, die übers Tal gespannt ist. Nach dem Abendessen kommt er auf sein Anliegen zurück: *„Papi, jetzt, wo weit und breit keine Landschaft ist, die ich anschauen muss – da kannst du mir doch sagen, wieviel Volt so eine Starkstromleitung hat?"*[4]

Nach Wincenty Okon erreicht die Wissbegier des Kindes den Höhepunkt vor seinem Eintritt in die Schule (aber nicht, weil keine weitere Steigerung möglich wäre). In der Schule wird sie durch aufgedrängte

---

[1] VERA FERRA-MIKURA: Valentin pfeift auf dem Grashalm. S. 36.
[2] JAROSLAV HAŠEK: Gespräch mit dem kleinen Mila. In: Ders.: Meine Beichte. S. 75-78.
[3] ERIC MALPASS: Morgens um sieben ist die Welt noch in Ordnung. In: Ders.: Die Gaylord-Romane. Erster Band, S. 87-94 (Achtes Kapitel).
[4] EUGEN ROTH: Technik. In: HANS PETER BLEUEL (Hg.): Vorwiegend heiter. S. 19-22.

künstliche Probleme stark gehemmt; sie verliert dann ihre Rolle als Motor der Forschungstätigkeit an die allmächtige Note.[5] Weil das natürliche Interesse an den Lerninhalten von grundsätzlicher Bedeutung für den Lernerfolg ist, hat Okon der Art und Weise, wie man jenes Interesse im Unterricht wecken und erhalten kann, den Techniken des problemhaften Unterrichts, eine ausführliche Abhandlung gewidmet.

Nehmen wir an, ein Kind stellt außerhalb des Kindergartens und der Schule pro Tag durchschnittlich fünf Fragen, das ergibt in fünfzehn Jahren mehr als 27.000. Vermutlich ist der Durchschnitt höher (die Schätzungen gehen nämlich bei Dreijährigen bis 112 …). Gewiss steht ein Teil davon mit dem Unterricht in Verbindung, denn aufgrund des vorgeschriebenen Lehrstoffs wird die Aufmerksamkeit Schritt für Schritt auf ungeheuer viele Einzelheiten gelenkt. Doch die Erlebniswelt des Kindes reicht weiter. Vorfälle in der Familie und im Freundeskreis, Begebenheiten auf der Straße, Abenteuer während der Ferien, Bücher und Filme wecken seine Neugier für Themen, die im Unterricht noch nicht dran waren oder im Lehrplan gar nicht vorgesehen sind. Auf jeden Fall erwirbt sich das Kind außerhalb des Kindergartens und der Schule ein bedeutendes Quantum Wissen, sodass man praktisch von einem zweiten Bildungsweg sprechen kann. Deshalb darf uns die Qualität der Antworten nicht gleichgültig sein.

Für die thematische Vielfalt des kindlichen Wissensdrangs lassen sich nicht genug Beispiele anführen.

Frau Kofferls Neffe Heinrich, etwa sieben Jahre alt, fragt folgendermaßen drauflos:

„(...) Und stimmt es, dass ein erwachsener Walfisch schwerer sein kann als zwanzig Elefanten? Und gibt es wirklich einen Pilz, der Hallimasch heißt? Und warum wohnen manche Menschen bei einem feuerspeienden Berg, obwohl sie sich vor dem feuerspeienden Berg fürchten? Und wieso tut sich ein Esel nicht weh, wenn er die stacheligen Disteln frisst? Und lebt eine Eintagsfliege nie länger als einen Tag? Und

---

[5]   WINCENTY OKON: Învățămîntul problematizat în școala contemporană [Der problemhafte Unterricht in der zeitgenössischen Schule]. S. 77.

warum heißt eine Laubsäge eigentlich Laubsäge, wenn man doch gar kein Laub mit ihr sägt? [...]"[6]

Der zehnjährige Thronfolger Hänschen möchte wissen, ob man ein Brennglas erfinden könne, das aus weiter Entfernung Schießpulver anzündet, und ob es möglich sei, dass ein Mann bei seinem Tode dem Sohn seinen Verstand hinterlässt.[7] Aber selbst Thronfolger Hänschen erhält nicht immer Bescheid.

Im Laufe eines Schuljahrs hat der Pädagoge Wassili Suchomlinski während der Wanderungen mit Schülern der Unterstufe durch Wald und Feld folgende Fragen notiert:

Weshalb ist die Sonne morgens rot und mittags glühend? Woher kommen die Wolken? Weshalb ist die Blüte des Löwenzahns morgens geöffnet und mittags geschlossen? Woher kommen Donner und Blitz? Weshalb bringt der Wind vom Westen Regen und vom Osten Trockenheit? Weshalb rostet Eisen? Weshalb setzen sich die Tauben nie auf einen Baum? Weshalb baut die Lerche ihr Nest im Saatfeld und der Star und die Meise auf dem Baum? Weshalb darf man einen Baum, wenn er Blätter trägt, nicht verpflanzen? Weshalb hat das Flugzeug heute einen dünnen Rauchstreifen hinterlassen und gestern nicht? Weshalb fallen Sternschnuppen vom Himmel, wohin fallen sie? Weshalb sind die Schneeflocken so hübsch? Weshalb hebt der Wind die Staubsäule wie einen Wasserstrudel hoch? Weshalb wird der Winterweizen im Herbst und der Sommerweizen im Frühjahr gesät? Wie erkennen die Zugvögel den Weg, denn sie müssen doch sehr weit fliegen? Weshalb ist der Himmel bei Sonnenuntergang vor dem Regen rot? Weshalb leuchten nachts die Glühwürmchen? Weshalb „tanzt" die Biene, bevor sie nach Honig fliegt? Wie kommt es, dass ein Mensch in Moskau spricht, und bei uns im Zimmer es durch das Radio zu hören? Wozu verbrennt man im Garten Stroh, wenn die Bäume blühen? Weshalb gibt es im Wald ein Echo? Was ist der Regenbogen? Weshalb hat die große Kuh nur ein Kälbchen und das kleine Schwein mehrere Ferkel? Weshalb steht die Sonne im Sommer

---

[6] VERA FERRA-MIKURA: Valentin pfeift auf dem Grashalm. S. 37.

[7] JANUSZ KORCZAK: König Hänschen I. S. 21.

hoch am Himmel und im Winter so niedrig? Weshalb bilden sich auf der zugefrorenen Fensterscheibe so hübsche Zeichnungen? Weshalb gräbt sich das Kaninchen eine Höhle und der Hase nicht? Weshalb werden die Blätter an den Bäumen im Herbst gelb?[8]

Vom zehnten Lebensjahr an (in der Pubertät oder Präadoleszenz) widmet das Kind den zwischenmenschlichen Beziehungen mehr und mehr Aufmerksamkeit. Das kommt auch durch seine Fragen zum Ausdruck.

Die zehnjährige Pippi sieht ein, dass man sich in Gesellschaft nicht ungehörig benehmen darf, also bittet sie die Lehrerin, ihr die wichtigsten Anstandsregeln zu sagen.[9]

Die dreizehnjährige Olga überrascht den Stiefvater mit der Frage, ob ihr Vater und ihre Mutter im Streit auseinandergegangen seien. Sie fragt die Chemielehrerin, ob man eine wissenschaftliche Formel für die Liebe kenne, und den Stiefvater, was Glück sei.[10]

Der vierzehnjährige Boy lässt sich von seinem Urgroßvater erklären, wieso Siegfried kein Held ist, ob es zum Helden gehört, dass er eine gute Tat verrichtet und ob es ehrenvoll ist, fürs Vaterland zu sterben. Später kommt auch zur Sprache, dass eine Heldentat ohne Sinn Blödsinn ist.[11]

Ich denke, diese Beispiele sind für die Bedeutung des zweiten Bildungswegs aufschlussreich. Wahrscheinlich vermag niemand jedes Mal auf Anhieb sachlich zu antworten – aber darum geht es hier gar nicht. Es geht um die prinzipielle Einstellung: ob man zum Antworten bereit ist, ob man eine Antwort versucht.

Zu den Schriftstellern, die solche Szenen schildern, gehören auch Charles Dickens, Ernest Thompson Seton, Frigyes Karinthy und Sat-okh

---

[8] WASSILI SUCHOMLINSKI: Mein Herz gehört den Kindern. S. 104.
[9] ASTRID LINDGREN: Pippi Langstrumpf. S. 179.
[10] VLADIMIR LEONTIEVICI KISELEV: Fetiţa şi aviplanul [Das Mädchen und das Vogelflugzeug]. S. 119 bzw. 138, 157.
[11] JAMES KRÜSS: Mein Urgroßvater, die Helden und ich. S. 16 bzw. 77, 146, 246.

alias Stanislaw Suplatowicz. Im autobiografischen Roman „Zwei kleine Wilde" (1903) erzählt der kanadische Naturforscher Ernest Thompson Seton von einem glücklichen Jahr seiner Kindheit. Im Laufe der Handlung werden zwei entgegengesetzte pädagogischen Standpunkte verglichen. Die Eltern halten Jan kurz. Weil sie befürchten, dass er die Schule vernachlässigen könnte, muss er sich, um durch Feld und Wald zu streifen, aus dem Haus stehlen. Bei so einem Ausflug trifft er den Fremden ohne Kragen, der eine Blechbüchse trägt und auf alle seine Fragen – nach Fröschen, Molchen, Amseln, Spechten und Golddrosseln, nach Mauerwespen, Trauermänteln, Wildtauben und Waldhühnern – bereitwillig antwortet.[12]

Heute wird die Aufgabe des Erwachsenen durch das Sachbuch erleichtert: durch Enzyklopädien und Monografien, Atlanten und Wörterbücher, die in einer für das Kind verständlichen Sprache verfasst und entsprechend bebildert sind. Erfreulicherweise wächst ihre Zahl und Vielfalt unablässig. Auf solche Nachschlagewerke kann und soll sich der Erwachsene beim Erklären stützen. Dann gibt es für Erwachsene bestimmte Handbücher, die auf eine besondere Aufgabe ausgerichtet sind, etwa die sexuelle Aufklärung. Aber derartige Hilfsmittel stehen nicht immer zur Verfügung, und außerhalb des Hauses, im Freien, praktisch gar nicht. Man muss selbst eine Auskunft zurechtdrechseln, und zwar so schnell wie möglich. Sogar im Ausnahmefall muss man die aus dem Sachbuch geklaubte Information verarbeiten, damit der Bescheid konkret zur Frage passt. Deshalb lohnt es sich, darüber nachzudenken, wie die Antwort auf eine Kinder-Frage beschaffen sein soll.

2. Warum das Kind fragt

Jedes Kind lebt in einer anderen materiellen, geistigen und emotionalen Umgebung, das gilt auch für Geschwister, die in verschiedenen Schulklassen eingeschrieben sind. Die unvermeidlichen Unterschiede bewirken eine unendliche Mannigfaltigkeit der möglichen Fragen.

---

[12] ERNEST THOMPSON SETON: Zwei kleine Wilde. Erster Teil, fünftes Kapitel.

Was die Neugierde des kleinen Kindes anbelangt, sprechen die Psychologen von zwei Frage-Altern. Das erste beginnt um die Mitte des zweiten Lebensjahrs. Das Kind möchte die Namen von Gegenständen oder Erscheinungen erfahren, in dieser Phase dominiert die Was-Frage. Nach und nach interessiert sich das Kind auch für räumliche und zeitliche Zusammenhänge (Wo? Wann?), dann für Zweck und Absicht (Wozu?). Sein Denken entwickelt sich zugleich mit der Vervollkommnung seiner Sprache und bedingt durch immer kompliziertere Tätigkeiten. Im vierten Lebensjahr erwacht das Interesse für kausale Beziehungen, für den Zusammenhang von Ursache und Folge. In der neuen Entwicklungsphase, *das zweite Frage-Alter* genannt, herrscht die Warum-Frage vor, ein Ausdruck der qualitativen Veränderung im kindlichen Denken.

Viele Warum-Fragen belegen neue Erfahrungen des Kindes, die mit seinen bisherigen Vorstellungen und Kenntnissen nicht übereinstimmen; es möchte auch wissen, ob seine Schlüsse und Gedankengänge richtig sind. Ein gut Teil der Warum-Fragen bezieht sich auf Verhaltensregeln; ausgehend von der Beobachtung, dass es ethische Normen gibt, möchte das Kind von sich aus erfahren, was gut und was schlecht, was erlaubt und was verboten ist.

Als Motiv der Frage kommt nach dem Wissensdurst das Bedürfnis nach Zuneigung in Betracht. In den Kinder-Fragen überwiegt nicht selten die emotionale Ladung. Das Kind bittet dann nicht vorrangig um sachliche Auskunft, sondern um einen Beweis der Zuneigung; der angepeilte Sachverhalt dient nur als Vorwand.

Frage-Ursache kann drittens der Spieltrieb sein, der sich vom vierten-fünften Lebensjahr an auch im Abwandeln von Sachverhalten äußert, indem Bedingungen weggelassen oder hinzugefügt werden. Das Spiel beginnt mit dem Ausdenken der einfachsten, nämlich einer der unmittelbaren Wirklichkeit entgegengesetzten Variante: Und wenn der Bus nicht kommt? Und wenn der Hund trotzdem beißt?

Scholem Alejchem hat in der satirischen Erzählung „Die erste jüdische Republik" folgenden ergötzlichen Vorfall festgehalten:

Als ich ein kleiner Junge war, las ich mit meinem Lehrer die schöne Erzählung von dem weltberühmten Crusoe, von der ich schon vorhin sprach. Jeden Augenblick unterbrach ich und stellte eine neue

Frage, wie zum Beispiel: „Was wäre gewesen, wenn Robinson keine Nüsse zum Essen gefunden hätte? Oder wenn er aus dem Stein kein Feuer hervorgebracht hätte? Wenn ihm kein Papagei zugeflogen wäre? Wenn er nicht dem wilden Menschen begegnet wäre, dem er den Namen ‚Freitag' gegeben hat?" Wahrscheinlich irritierten diese Fragen meinen Lehrer dermaßen, dass er die Geduld verlor, sich beim Kopf fasste und begann, sich das Haar zu raufen. Er war wohl etwas nervös ...

„Wie kann ein Mensch so blöde sein und nicht verstehen, dass wenn sich alle diese Dinge nicht ereignet hätten, das Buch ‚Robinson Crusoe' ungeschrieben geblieben wäre!"[13]

Zum Unterschied vom Erwachsenen, der beim zwanglosen Variieren im Rahmen des Funktionalen bleibt, pendelt das Kind mangels Erfahrung auch beim probeweisen Abwandeln von gedachten Sachverhalten über den Rahmen des Funktionalen hinaus. Ein dreijähriges Kind hält den Löffel am Schöpfteil und schiebt den Brei versuchsweise mit dem Löffelstiel in den Mund, ein fünfjähriges stellt den Schlitten probehalber auf die Sitzfläche, ein sechsjähriges versucht, Wörter von hinten zu lesen, und ein achtjähriges spekuliert über die Periodizität der Schaltjahre. Es hat gehört: Damit der Kalender stimmt, wird alle vier Jahre ein Tag und alle tausend Jahre ebenfalls ein Tag eingeschoben – macht im Jahre 2000 zwei Tage. Das achtjährige Kind fragt. „Wenn das Jahr 2000 kein Schaltjahr wäre, hätte dann der Februar nur 29 Tage?" Man erklärt ihm, das Jahr 2000 werde auf jeden Fall ein Schaltjahr sein. „Jaa, aber wenn ..." Man erklärt noch einmal. Bestürzt über so viel Unverständnis wiederholt das Kind, jetzt schon mit Tränen in den Augen, hartnäckig die alte Frage. Seine Überlegung ist richtig – weshalb verdirbt man ihm die Freude am Spiel?[14]

---

[13] SCHOLEM ALEJCHEM: Die erste jüdische Republik (Fragment). In: HERMANN HAKEL (Hg.): Jiddische Geschichten aus aller Welt. S. -112, hier 93.79-112, hier S. 93.

[14] Beim Gregorianischen Kalender fällt der alle vier Jahre eintretende Schalttag des Julianischen Kalenders bei Säkularjahren aus (1800, 1900, 2100), mit Ausnahme der durch 400 teilbaren (1600, 2000 usw.).

Kinder-Fragen gleichen winzigen Bruchstücken aus einem Film der geistigen Entwicklung; diese Bruchstücke projiziert der Zufall auf unser Bewusstsein. Um ihren Sinn zu erfassen, genügt es zuweilen nicht, die Wörter zu verstehen und die Verbindung zu dem Erlebnis herzustellen, welches die Frage auslöste – man muss auch die Grundlinie der geistigen Entwicklung in Betracht ziehen.

Der spezifische Mangel an Erfahrung äußert sich im *intellektuellen Egozentrismus* – in der Unfähigkeit des Kindes, das Ich von den Dingen der Umwelt zu differenzieren. Davon wird im folgenden Abschnitt ausführlicher die Rede sein.

Gewiss behandeln die Nachschlagewerke für Kinder systematisch Begriffe, die zum wichtigsten Bildungsgut gehören und früher oder später die Neugierde des Kindes wecken. Ausgehend von den naheliegenden Fragen zur Ausstattung einer Wohnung hat M. Iljin (Pseudonym für Ilja Jakowlewitsch Marschak) zahlreiche schwer auffindbare Informationen zu Geschichten über die Mittel des täglichen Bedarfs verarbeitet: „Die Sonne auf dem Tisch" (1927), „Hunderttausend Warum" (1929), „Wie das Automobil fahren lernte" (1930); später wurden sie in einen Band aufgenommen. Mary Elting hat das „Große Antwort-Buch" (1972) zusammengestellt, welches in 180 Artikeln Antworten auf 300 der häufigsten Kinder-Fragen anbietet. Den international bekannten Baufachmann und Architekten Mario G. Salvadori haben Fragen von Kindern, warum die Gebäude stehen bleiben, dazu angeregt, ein für Kinder fassliches Lehrbuch über die Grundprinzipien der Bautechnik zu verfassen: „Bauen: ein Kampf gegen die Schwerkraft" (1979). Selbstverständlich ist jeder derartige Versuch zu begrüßen, aber gemessen am Wissensdurst eines Kindes wirken die Antworten, die ein Buch enthalten kann (und wenn es tausend wären), quantitativ so unzulänglich wie der Tropfen, der auf den heißen Stein fällt. Neben den konkret erfassten Fragen wuchern im Alltag unzählige andere, die an individuelle Erlebnisse anknüpfen.

Niemand könnte ein allgemeingültiges Nachschlagewerk mit Hinweisen verfassen, WAS man konkret auf jede Frage der Kinder antworten soll. Deshalb muss sich ein Ratgeber auf das WIE beschränken.

3. Das egozentrische Weltbild

Ziehen wir in Betracht: Das kleine Kind erlebt nur einen kümmerlichen Ausschnitt der Wirklichkeit. Indem es seine Eindrücke verallgemeinert, entsteht ein stark verzerrtes Bild von der Welt, das die Zaubermärchen zeitweilig festigen und durch Begriffe wie „Fee", „Hexe", „Zwerg", „Riese", „Tarnkappe", „Tischleindeckdich", „Siebenmeilenstiefel" usw. prägen.

Dem kleinen Kind scheinen die Erwachsenen allwissend und allmächtig, weil es beobachtet, wie souverän sie mit Geräten und Werkstoffen umgehen. Es glaubt, die Erwachsenen haben alle Dinge geschaffen, damit sie dem Menschen dienen. Diese Auffassung schlägt sich in der Definition *nach dem Gebrauch* nieder: Es gibt Löffel – damit man Suppe isst, Stühle – damit man auf ihnen sitzt, die Sonne – damit sie leuchtet und wärmt, die Nacht – damit man schläft, die Wolken – damit es regnet, den See – damit man auf ihm spazieren fährt. Die Wozu-Fragen betreffen zunächst dieses Verhältnis: welchem Bedürfnis dies und das und jenes entspricht.

Weil das kleine Kind nichts von Physik und Chemie weiß, glaubt es, man könne einen Gegenstand nach Belieben verwandeln.

Das kleine Kind lebt ausschließlich in der Gegenwart, andere Zeitformen kann es sich zunächst nicht vorstellen. Vergänglichkeit, geschichtliche Entwicklung, die Aufeinanderfolge der Generationen sind ihm deshalb unbegreiflich. Eines Tages wird es sich darüber wundern, dass seine Eltern, ja sogar seine Großeltern irgendwann jung und klein waren.

Das kleine Kind glaubt nicht nur, dass alle Menschen wie es denken und fühlen, sondern projiziert Leben, Gefühle, Absichten und Verantwortung in die Dinge seiner Umgebung. Für diesen Zustand hat der Schweizer Psychologe Jean Piaget die Bezeichnung *intellektueller Egozentrismus* eingeführt. Wie das egozentrische Weltbild entsteht und wie es sich entwickelt, hat Piaget in der Abhandlung „Das Weltbild des Kindes" (1926) beschrieben.

Anfangs ist es dem Kind nicht möglich, sich in die Lage eines anderen zu versetzen, etwa beim Betrachten eines Zustands oder eines

Vorgangs. Es vermag seine Ansicht zuerst gar nicht und später nicht genügend von anderen möglichen Ansichten abzugrenzen. Es ahnt nichts von der Vielfalt der möglichen Betrachtungsweisen. Eine der Folgen besteht darin, dass es anfangs gar nicht versucht, Beweise für seine Aussagen zu erbringen – es hat kein Bedürfnis, den Gesprächspartner zu überzeugen.

Oft genug bekundet sich diese Besonderheit in missverständlichen Äußerungen, auch bei Kindern, die dem Grundschulalter entwachsen sind. Sie formulieren einen Satz – Mitteilung oder Frage –, ohne zu bedenken, wie viele Wörter mehrdeutig sind, dass folglich der Partner den Satz anders auslegen kann, als er gemeint ist. Zum Beispiel: Eine Urlaubergruppe kehrt gegen Mittag vom Ausflug zwischen den Hügeln zurück, da fragt ein zwölfjähriges Mädchen: „Gehen wir noch hinauf?" Es meint damit, ob die Gesellschaft vor dem Mittagessen im Speisesaal noch kurz die Hotelzimmer aufsuchen werde. Man versteht jedoch allgemein, es möchte wissen, ob der Wanderweg vor dem Ziel noch einmal ansteige.

Der intellektuelle Egozentrismus nimmt im selben Maße ab, in dem das Kind Erfahrungen sammelt. Zunächst sind nach Meinung des Kindes alle Dinge mit Bewusstsein ausgestattet, später nur alle beweglichen Dinge, noch später nur die mit Eigenbewegung ausgestatteten Körper (auch fließende Gewässer, Wolken, Wind, Himmelskörper); zuletzt wird das Bewusstsein abgesehen vom Menschen nur Tieren zuerkannt. Ähnlich verhält es sich mit der Einschätzung der Dinge als Körper, die mit Leben erfüllt sind. Zunächst wird als lebendig betrachtet, was irgendeine Aktivität aufweist oder irgendwie nützlich ist, später wird das Leben durch die Bewegung definiert, noch später unterscheidet das Kind zwischen eigener und übertragener Bewegung und identifiziert das Leben mit der Eigenbewegung; schließlich gelten außer dem Menschen nur Tiere und Pflanzen als lebendig.

Die Überwindung des intellektuellen Egozentrismus wird vom Rollenspiel begünstigt, weil das Kind beim Rollenspiel nacheinander die Standpunkte verschiedener Personen einnimmt. Solche Spiele sind: „Familie", „Beim Arzt", „Schule", „Eisenbahn", „Einkaufen" usw. Erstens muss das Kind sich der Rolle anpassen und sein Handeln auf das Handeln der übrigen Rollenträger abstimmen, also sein Verhalten durch das Prisma der Rolle wie auch mit den Augen der Spielgefährten beurteilen. Zweitens muss es die Standpunkte der Spielgefährten zur Kenntnis nehmen, sooft es sich mit ihnen über die Verteilung bzw. Neuverteilung der Rollen einigt. Die Fähigkeit, sich in den Standpunkt eines anderen zu versetzen, entwickelt sich nach dem Eintritt ins Vorschulalter im Laufe von mehreren Jahren.

Nelly ist schrecklich eigensinnig. Beim Buddeln gab es einmal eine dramatische Szene: Sie schrie, wälzte sich auf dem Sande, strampelte mit den Füßen. Das ging so eine Viertelstunde. Ich bat das Kindermädchen um Aufklärung. „Nein, sie ist nicht zu besänftigen", sagte das Mädchen. „Sie will etwas haben, was ich ihr nicht geben kann ..." – „Was will sie denn haben?" – „Sie hat ein großes Loch in den Sand gegraben und will es durchaus mit nach Hause nehmen."

4. Mängel der Frage

Je kleiner das Kind, umso flüchtiger ist sein Interesse, umso häufiger wechselt es das Thema, umso mehr erinnern seine Fragen an ein Kreuzverhör. Kornej Tschukowski erwähnt ein vierjähriges Bürschchen, das binnen zweieinhalb Minuten seinem Vater mit MG-Geschwindigkeit folgende Fragen stellte:

„Und wohin fliegt der Rauch?" – „Und tragen Bären Broschen?" – „Und wer schüttelt die Bäume?" – „Und kann man eine so große Zeitung kriegen, dass man ein lebendes Kamel einwickeln kann?" – „Und schlüpft der Achtfüßer aus dem Laich, oder ist er einer, der Milch saugt?" – „Und die Hühner laufen ohne Galoschen?"[15]

Beim Kreuzverhör werden in schneller Folge Fragen gestellt, die scheinbar nicht zusammenhängen; sie zielen darauf ab, den Angeklagten zu verwirren, bis er sich widerspricht. Obwohl die Familie eine ganz enge Interessengemeinschaft bildet, obwohl von absichtlicher Verwirrung des Gesprächspartners keine Rede sein kann, tritt doch oft als Effekt einer

---

[15] KORNEJ TSCHUKOWSKI: Kinder von 2 bis 5. S. 36.

Folge nicht zusammenhängender Fragen eine Spannung auf, an der die Verständigung scheitert.

Wird das Kind durch Dazwischenreden unterbrochen oder anderweitig abgelenkt, dann vergisst es zuweilen, was es fragen wollte und schämt sich für sein Versagen, es zürnt oder weint.

Je kleiner ein Kind, umso spärlicher sein Wissen, umso schwächer seine Fähigkeit der Analyse, umso mehr zufallsbedingt der Ansatzpunkt des Gesprächs – Gegenstand der ersten Frage kann ein aus der Sicht des Erwachsenen nebensächlicher, ja völlig unwichtiger Aspekt sein. Es ist dann Sache des Erwachsenen, dem Gespräch eine Wende zu geben, die Aufmerksamkeit seines Partners auf wesentliche Aspekte hinzulenken, ohne ihn zu langweilen. Ich erinnere mich, dass mein Sohn, damals beinahe neun Jahre alt, eines Tages wissen wollte, wie man die Million mit römischen Ziffern schreibt.

Dumme Fragen stellen kann jeder, behauptet ein Sprichwort. Lehrkräfte, Juristen, Journalisten und Psychiater stützen sich auf eine methodische Ausbildung und besitzen im konkreten Fall eine Übersicht, weil sie den Sachverhalt vorher studiert haben – den Kindern aber fehlt beides.

Die Unbeholfenheit beim Formulieren bewirkt oft genug, dass der Sinn der Frage nicht klar zum Ausdruck kommt. Angeregt durch die wiederholte Mahnung, nicht mit brennendem Papier zu spielen, weil Haar oder Kleider Feuer fangen könnten, fragte die achtjährige Paula: „Kann auch ein Mensch brennen?" Eigentlich wollte sie wissen, woraus die Haut des Menschen besteht – ob sie Papier, Holz, Kohle, Benzin, Fett oder ähnliche brennbare Stoffe enthält. Nach einem Gespräch über Laubbäume und Nadelbäume fragte das Mädchen: „Wann fallen die Tannennadeln ab?" Es wollte wissen, wie groß die Lebensdauer der Tannennadel im Vergleich zu einem gewöhnlichen Blatt ist. Der siebenjährige Kai überraschte mich mit der Frage, wer als Erster die Möglichkeit erfunden habe, dass man zwei Mitlaute nebeneinander aussprechen könne. Wie sich dann zeigte, wollte er wissen, wer die Mitlautverdoppelung in den Schriftgebrauch eingeführt hat.

Je kleiner das Kind, umso dürftiger sein Wortschatz, umso ungenauer („drolliger") seine Ausdrucksweise. *„Nicht wahr, das Messer ist* *der Mann von der Gabel?"* Das Kind meint: Ergänzen Messer und Gabel einander, bilden sie ein Paar, eine Einheit? Unsere mögliche Antwort „Ja, Messer, Gabel und Löffel gehören zusammen, sie heißen mit einem Wort Essbesteck." Oder: *„Kann man zurückheiraten?"* Diese zwei Fragen stammen ebenfalls aus dem Studienband von Tschukowski.[16]

Während man für den durchschnittlich gebildeten Erwachsenen einen Wortschatz bis zu 50.000 Wörtern annimmt, beläuft sich der durchschnittliche Wortschatz eines Kindes nach Ursula Şchiopu bei drei Jahren auf 700 bis 800 Wörter, bei vier auf 1.000, bei fünf auf 1.500, bei sechs auf 2.000, bei sieben auf 2.500. Wir müssen Nachsicht haben.[17]

II. Die Antwort

1. Warum wir antworten

Als Eltern fühlen wir uns für die Bildung und Erziehung des Kindes verantwortlich. Wir möchten ihm unsere Erfahrungen und Überzeugungen vermitteln. Wir wünschen, dass es uns gleiche, aber die Fehler vermeide, die wir begangen haben. Außerdem möchten wir das Vertrauen des Kindes in uns erhalten und stärken, damit es sich beim nächsten Dilemma wieder an uns wendet. Aus all diesen Gründen sind wir bereit, seine Fragen zu beantworten. Die grundsätzlich positive Einstellung soll aber nicht bedeuten, dass wir unsere Erfahrung auf das Kind abladen. Durch mechanisches Reagieren würden wir einen Hauptfehler des traditionellen Unterrichts wiederholen.

Wie geht es im traditionellen Unterricht zu? Der Lehrer trägt den Lehrstoff vor, und die Schüler lernen den Text auswendig, um ihn später wörtlich zu wiederholen. Der Lehrer beschränkt sich auf die sogenannte *Kreidephysik,* Schauversuche bilden Ausnahmen und werden nicht variiert. Fragen der Schüler sind unerwünscht. Der traditionelle Unterricht hemmt die geistige Entwicklung der Schüler, unterdrückt ihre Initiativen

---

[16] KORNEJ TSCHUKOWSKI: Kinder von 2 bis 5. S. 23 bzw. 95.
[17] URSULA ŞCHIOPU: Psihologia copilului [Die Psychologie des Kindes]. S. 173.

und verkrüppelt ihren Verstand. In unserer Zeit wird er vehement bekämpft.

Als zeitgemäß gilt nun der Unterricht, bei dem die Tätigkeit des Schülers im Vordergrund steht. Man legt Wert darauf, dass die Schüler selbst Beobachtungen anstellen, Experimente durchführen, ihre Meinung äußern, untereinander und mit dem Lehrer diskutieren, und das nicht nur bei Naturkunde, Physik und Chemie, sondern auch in den Fächern Muttersprache, Mathematik, Erdkunde und Geschichte. Sie sollen sich den Lehrstoff aktiv aneignen – aufgrund unmittelbarer Anschauung, praktischen Handelns und eigener Überlegungen. Freilich bedingt das neue Konzept ausführliche Vorbereitungen für jede Unterrichtsstunde, ein gutes Lehrer-Schüler-Verhältnis und die Bewegungsfreiheit der Schüler, also erheblich mehr Aufwand als früher.

Sogar die für ihre Experimente notwendigen Geräte sollen die Schüler wenn möglich selbst basteln. (Ob diese dann elegant aussehen, spielt zunächst keine Rolle.)

Da für unsere Kinder das Beste gerade gut genug ist, schneiden wir uns von diesem Modell eine Scheibe ab. Sooft die Antwort mit einer Beobachtung verbunden ist, die das Kind selbst machen kann, oder mit einer Verrichtung, die es selbst durchführen kann, schaffen wir ihm diese Möglichkeit. Wir lassen das Kind Briefmarken sortieren – Blumen umtopfen – die Einrichtung des Zimmers verändern – einkaufen – Geburtstagsfeiern vorbereiten – die Zutaten für eine Speise nach Rezept bereitlegen – Flecken entfernen – Rätsel erfinden – Schwarzkünstler-Tricks vorführen – den Fotoapparat einstellen – das Rundfunk- und Fernsehprogramm durchackern – auf der Landkarte den Ort suchen, wo sich die Handlung des Buches zuträgt, in dem es gerade liest – in Wörterbüchern und anderen Lexika nachschlagen – die Gebrauchsanweisungen für neue Haushaltsgeräte studieren – kaputte Haushaltsgeräte auseinanderklauben usw. Wir greifen nur ein, sobald die Situation Kraft oder Übung erfordert oder gefährlich wird. Sooft die Antwort auf einer Überlegung beruht, die das Kind selbst anstellen kann, bringen wir ihm die erforderlichen Informationen in Erinnerung oder rücken diese in einen fruchtbaren Kontext und helfen ihm so auf die Sprünge.

Warum das Kind gefragt hat, ziehen wir natürlich auch in Betracht.

Will es Auskunft über ein Ding, von dem es nicht mehr weiß als den Namen? So etwas kommt eigentlich selten vor. Viel öfter fragt es nach den Beziehungen zwischen zwei Dingen oder nach Einzelheiten, die sein Wissen über ein Ding abrunden. Vielleicht erwartet es eine Bestätigung für die Richtigkeit seiner Gedanken, eine Ermunterung dazu, in seiner Beschäftigung fortzufahren. Vielleicht ist in der Frage eine scheue Bitte um tätige Hilfe versteckt. Kann aber auch sein, das Kind ist zu bequem, um selbst nachzudenken bzw. nachzusehen, weil wir es verwöhnt haben. Von der Diagnose hängen Umfang und Aufbau der Antwort ab.

Die Hypothese der Bequemlichkeit soll kein Missverständnis bewirken. Nehmen wir an, das Kind hat nach mehrmaligem Vorzeigen begriffen, wie man ein Wörterbuch benützt – wir wissen, dass es im Wörterbuch sucht, wenn es allein ist. Dürfen wir ihm nun sagen, wie man *widerspiegeln* richtig schreibt und wie man *Regenbogen* auf Französisch sagt, oder sollen wir es zum Nachschlagen zwingen? Meiner Meinung nach wäre das Nachschlagen Zeitverlust, das Kind würde dabei nichts Neues lernen.

Auf keinen Fall wollen wir unserem Gesprächspartner Informationen an den Kopf werfen – ihm aufdringlich Einzelheiten sagen, für die er sich nicht interessiert. Das würde ihn auf die Dauer verscheuchen. Wenn er sich Klarheit über eine Beziehung verschaffen möchte, würden wir ihn durch unerbetene zusätzliche Informationen nur von dieser Beziehung ablenken. Eric Linklater hat diese Vorgangsweise im Roman „Wind im Mond" karikiert:

[Die Gouvernante] Miss Serendip hielt Wissen für das Wichtigste auf der Welt. Sie war deshalb den ganzen lieben langen Tag bemüht, Dinah und Dorinda alles beizubringen, was es nur gab, einerlei ob nützlich oder nicht. Sogar beim Frühstück und beim Mittagessen ließ sie nicht locker.

„Dorinda", sagte sie dann, „würdest du mir bitte den Pfeffer reichen. Pfeffer, wie du wohl weißt, ist ein Gewürz. Es gibt schwarzen, weißen und roten Pfeffer. Früher war der Pfeffer ein Monopol des Königs von Portugal. Heutzutage wächst aber auch viel Pfeffer in Penang. Pe-

nang heißt eigentlich ‚Insel der Arecanüsse'. Eine Zeit lang war sie eine Strafkolonie für Verbrecher oder Kriminelle. Das Wort ‚Kriminelle' kommt vom lateinischen ‚crimen'. Unsere Verbrecher wurden früher sehr schlecht behandelt, aber nach und nach schritt man zu Reformen. Newgate war früher ein berühmtes altes Gefängnis. SingSing aber ist ein bekanntes modernes Gefängnis. Danke, mein Kind. Stell nun die Pfefferdose wieder an ihren Platz."[18]

Gewöhnlich signalisiert die Frage des Kindes Interesse und Aufnahmebereitschaft. Um ein gleich starkes Interesse künstlich zu erwecken, bedarf es oft großer Mühe. Der Zugang zum Verstand des Kindes, wann wir es wollen, ist schwierig wie der Eintritt in ein verwunschenes Schloss. Tragen wir denn immer einen passenden Laib Brot im Ranzen, um ihn dem Löwen zuzuschieben, der den Eingang zum verwunschenen Schloss versperrt? Haben wir immer einen Glückspfennig in der Tasche, um ihn auf das Hühnerbein der sich pausenlos drehenden Burg zu werfen, damit sie anhält und uns das Tor zukehrt? Eben ist der Eingang frei.

Denken wir vergleichsweise an ein öffentliches Fernsprechgerät: Das Klicken der eingeworfenen Münze, gewöhnlich auch das „Hallo?" des Adressaten lässt erkennen, dass der Hörer abgehoben wurde und die Mitteilung erfolgen kann. Vor dem Klicken sprechen, wäre sinnlos; wenn wir nach dem Klicken nicht gleich unser Anliegen vorbringen oder um den Brei herumreden, legt der Adressat den Hörer auf die Gabel. Oder denken wir an einen Sessellift. Die Knöpfe auf dem Drahtseil verhindern es, dass der Sessel abrutscht, falls die Klammer sich lockern sollte. Die Frage des Kindes gleicht einem solchen Knopf. Das Festklemmen des Sessels hinter einem Knopf garantiert Sicherheit.

Außerdem soll jede Kinder-Frage als Ausdruck der geistigen Regsamkeit, als Ausdruck des Vertrauens ein kleines Fest für uns sein: Man muss die Feste feiern, wie sie fallen.

Wenn es die Umstände nicht anders erlauben, soll man zumindest ein paar Worte sagen. Wer freundlich antwortet, auch wenn der Bescheid unvollständig ist, erhält sich das Vertrauen des Kindes; wer nicht antwortet, stößt das Kind vor den Kopf.

---

[18] ERIC LINKLATER: Wind im Mond. S. 13.

2. Das Prinzip der schnellen Reaktion

Weil das Interesse des Kindes oft flüchtig ist, soll man sofort oder doch möglichst bald antworten. Beherzigen wir das Sprichwort vom heißen Eisen. Wer schnell hilft, sagten die Römer, gibt das Doppelte; wer mit der Hilfe zögert, gibt gar nichts.

3. Das Prinzip der Wahrhaftigkeit

Man soll die Wahrheit sagen, außer wenn es dem Kind schadet. Manchmal ist Lügen für den Augenblick einfacher, aber es rächt sich später. Wahrheit währt am längsten.

4. Grenzen der kindlichen Fassungskraft

Im Vorschulalter, d.h. im Alter von drei bis sechs Jahren, beobachtet das Kind im Allgemeinen noch sehr schlecht. Man kann diesen Unterschied zum Erwachsenen nicht ausschließlich durch die geringe Erfahrung und durch mangelhafte Übung erklären. Mitschuldig ist eine spezifische, entwicklungsbedingte Unfähigkeit des Verstandes.

Dafür sind die Zeichnungen des Kindes aufschlussreich. Bei den Menschenfiguren sitzen Mund und Augen oft falsch, die Arme wachsen unterhalb der Schulter aus dem Körper, Ellbogen und Knie fehlen. Bei den Straßenlandschaften stehen die Häuser wohl senkrecht zur Fahrbahn, aber wegen der Krümmungen der Straße windschief eines zum anderen. Solche Abweichungen von der Wirklichkeit stören das Kind im Vorschulalter nicht – weil seine Vorstellungen noch stark vom Gesichtsfeld abhängen – weil es sich kaum von den unmittelbaren Wahrnehmungen lösen kann (weil es denkt, was es sieht) – weil es die Aufmerksamkeit auf nur eine Einzelheit richtet.

Im Vorschulalter lernt das Kind, u.a. im Rollenspiel, einem Gegenstand mit bestimmter Funktion eine neue, konventionelle Funktion zu geben, dabei wird das Bedeutungsfeld vom Gesichtsfeld getrennt. Trotzdem kann es sich kaum spontan eine Veränderung vorstellen, deren Ergebnis von der Wahrnehmung der gegenwärtigen Lage abweicht. Einen

Hahn, der gerade über den Hof stolziert, kann sich das kleine Kind schwer auf dem Dach sitzend vorstellen. Wir helfen ihm, indem wir eine Verbindung schaffen und sagen: „Der Hahn fliegt auf das Dach."

Bezeichnenderweise beginnt die Verwendung adjektivischer Attribute, der Farbbezeichnungen, der Wörter, welche Höhe und Breite anzeigen, und insbesondere der vergleichenden Adjektive erst gegen Ende des Vorschulalters; bis dahin werden die Substantive nicht qualifiziert.

Jean Piaget und andere Psychologen haben diese Unfähigkeit des kindlichen Verstandes mit ausgeklügelten Methoden untersucht. Alle zeitgenössischen Fachbücher vermerken ihre Feststellungen, das breite Publikum aber weiß davon wenig.

Kinder unter sechs Jahren geben den Spiegel des Wassers in einem geneigten Krug oder Topf als Parallele zum Gefäßboden an, obwohl sie täglich praktisch erleben, dass die Oberfläche einer Flüssigkeit waagerecht bleibt. Doch um diese Eigenschaft zu erkennen, muss man die Oberfläche der Flüssigkeiten zu der Gesamtheit der Gegenstände außerhalb des Kruges oder Topfes in Beziehung setzen, vor allem zur Tischplatte und zum Fußboden.

Wenn man einem Kind unter sechs Jahren zwei Spielzeug-Katzen und einen Spielzeug-Hund zeigt und fragt, ob mehr Katzen oder mehr Tiere da sind, wird es sagen, dass mehr Katzen da sind, weil der Hund allein ist. Es kann die Katzen noch nicht gleichzeitig als Elemente der Katzen-Gruppe und als Elemente der Tier-Gruppe betrachten.

Zu einer Reihe von sechs bis acht blauen Plättchen findet ein fünfjähriges Kind leicht gleich viele rote und legt sie daneben – ein rotes Plättchen neben jedes blaue, d.h. es leitet die Äquivalenz der Gruppen aus dieser Entsprechung der Plättchen ab. Wenn wir nun den Abstand zwischen den roten Plättchen vergrößern, sodass nicht mehr jedes genau neben einem blauen liegt, gerät das Kind in Verwirrung. Obwohl es bereits gut zählen kann, obwohl es gesehen hat, dass kein Plättchen hinzugefügt und keines weggenommen wurde, macht es die Einschätzung, dass die zwei Gruppen ungleich sind und die längere mehr Plättchen enthält. Laut Piaget erfasst das Kind den Zahlbegriff noch nicht vollständig, weil es sich die räumliche Neuverteilung der Elemente und die Rückkehr zur ursprünglichen Anordnung nicht vorstellen kann – es kann die

Plättchen noch nicht in Gedanken umlegen. Die Fähigkeit, eine solche Handlung in Gedanken vorzunehmen, ist notwendig, um einen wesentlichen Aspekt des Zahlbegriffs zu verstehen, und zwar die Tatsache, dass die Zahl konstant bleibt, unabhängig davon, wie die Elemente angeordnet sind.

Füllen wir zwei Trinkgläser von derselben Form und Größe mit einer farbigen Flüssigkeit oder mit Perlen und leeren wir das eine Glas erst in eine flache Glasschüssel, dann in einen schlanken Glaszylinder um, behauptet das Kind, in der Schüssel sei weniger Flüssigkeit bzw. seien weniger Perlen enthalten, im Zylinder aber sei mehr Flüssigkeit bzw. seien mehr Perlen enthalten als im anderen Trinkglas, nur weil der Spiegel im ersten Fall niedriger, im zweiten höher ist. Das Umformen von zwei gleich großen Plastilinkugeln zu einem dicken Fladen und zu einer dünnen Wurst bringt ähnliche Ergebnisse. Das Kind behauptet je nachdem, in der Wurst sei mehr Plastilin enthalten, weil sie lang ist, oder weniger Plastilin, weil sie dünn ist.

Wir können dem Kind helfen, diese seine Unfähigkeit zu überwinden, indem wir es die Perlen zählen lassen, die es in ein anderes Glasgefäß umlegt, indem wir es mit derselben Anzahl von Kacheln verschiedenförmige Flächen auslegen lassen, mit derselben Anzahl von Würfeln verschiedenförmige Körper bauen lassen.

Ebenso inkonsequent wie die Zahl werden Menge und Gewicht eingeschätzt. Es genügt, ein Stück Würfelzucker in Wasser oder Tee aufzulösen, damit das Kind glaubt, dessen Menge und Gewicht seien verschwunden.

Lisa hat ihren vierten Geburtstag. Man hat ihr eine Riesenserviette ungebunden, nun sitzt sie, mit einem Mohrhörnchen in der Hand, vor einer dampfenden Tasse Schokolade. Sie ist eifrig damit beschäftigt, das Hörnchen hineinzutippen. Plötzlich fängt Lisa zu schluchzen an. „Aber was hast du denn, Lisa?" Sie schluchzt noch heftiger: „Siehst du denn nicht – wie das Hörnchen – mir die ganze – Schokolade austrinkt?"

Erst nach dem sechsten Lebensjahr erlangt das Kind die Fähigkeit, die Aufmerksamkeit gleichzeitig auf mehrere Einzelheiten zu richten, mehrere Kriterien in die Analyse einer Situation einzubeziehen. Nach dem sechsten Lebensjahr wird ihm die Umkehrbarkeit verschiedener Operationen bewusst, es erkennt, dass man durch die entgegengesetzte Operation den ursprünglichen Zustand wiederherstellen kann: die roten Plättchen anders anordnen – die Perlen aus dem Glaszylinder ins Trinkglas zurücklegen – die Plastilinbrocken zur ursprünglichen Kugel zusammenfügen – addieren und subtrahieren – multiplizieren und dividieren usw. Nun vermag es auch, sich gleichzeitig mit dem gegenwärtigen Zustand einen früheren oder einen hypothetischen, künftigen Zustand vorzustellen.

Vom siebenten bis zum elften Lebensjahr vollzieht sich im Denken eine qualitative Veränderung. Allerdings findet diese nicht plötzlich, sondern allmählich statt. Im Falle des verformten Plastilinklumpens ist das Kind im Alter von sieben Jahren überzeugt, dass die Plastilinmenge unverändert geblieben ist, es stellt aber erst mit zehn Jahren entsprechende Überlegungen zum Gewicht und erst mit zwölf Jahren entsprechende Überlegungen zum Volumen an. Noch neigt es dazu, Varianten sofort durch praktisches Handeln zu erproben. Noch ist es nicht imstande, sich systematisch alle möglichen Veränderungen eines Zustandes auszudenken, in Gedanken die Beziehungen zwischen zwei abwesenden Gegenständen abzuwandeln.

In diesem Alter – sieben bis elf – kann sich das Kind ohne unmittelbare Anschauung eine Vorstellung von einem Begriff machen, indem es veranschaulichte Eigenschaften des Begriffs kombiniert. Es vermag beispielsweise den Begriff „Rhombus" aus den Eigenschaften „parallele Seiten" und „Viereck" zu kombinieren, den Begriff „Arbeit" aus den Eigenschaften „Tätigkeit", „nützlich" und „notwendig".[19] Ein Beispiel für den Hausgebrauch wäre der Aufbau des Begriffs „Trolleybus" aus den Eigenschaften „Gummireifenfahrzeug", „Elektroantrieb" und „Oberleitung mit zwei Gleitbügeln".

Der Übergang von der konkreten zur formalen Logik ereignet sich im elften und zwölften Lebensjahr. Dann erlangt das Kind die Fähigkeit,

---

[19] DAVID P. AUSUBEL und FLOYD G. ROBINSON: Învăţarea în şcoală [Das Lernen in der Schule]. S. 221-222.

sich in Gedanken gänzlich von der unmittelbaren Wahrnehmung der Gegenstände zu lösen, erdachte Beziehungen zu variieren, Alternativen systematisch gegeneinander abzuwägen.

Mit Rücksicht auf die hier skizzierten Schwierigkeiten beim Denken sollen wir unsere Erklärungen so weit wie möglich durch Anschauungsmittel unterstützen: durch Vorzeigen mit funktionalen Objekten oder mit Modellen, durch Fotos, Zeichnungen, Skizzen usw. Es gibt eine „Pyramide" der Anschauungsmittel nach deren Abstraktionsgrad: vom praktischen Versuch, den das Kind selbst ausführt, an dem es mit mehreren Sinnen direkt beteiligt ist, bis zur Beschreibung. Die „Pyramide" hat zwölf Stufen: die unmittelbare Wirklichkeit bzw. Direktversuche – Kleinmodelle bzw. erfundene Versuche – Rollenspiele – Schauversuche – Studienausflüge – Ausstellungen – Schulfernsehen – bewegte Bilder (Filme) – starre Bilder – Rundfunksendungen, auf Band gespielte Texte – optische Symbole – ganz zuletzt die gesprochene Erklärung.[20] Um die Gedankenarbeit des Kindes zu erleichtern, steigen wir von der Höhe der Wörter jedes Mal bis zu der Stufe der Anschaulichkeit hinab, auf der es unsere Antwort versteht.

Hier schiebe ich eine Beobachtung zum Erlernen von Regeln beim Spielen mit anderen Kindern ein. Die Regeln eines Spiels mögen noch so kompliziert sein – wenn zu vier oder fünf Kindern, die sich damit vergnügen, ein gleichaltriges hinzukommt, eignet es sich die Regeln erstaunlich schnell an. Es möchte akzeptiert und als Partner anerkannt werden. Von einem solchen Erfolg kann die Schule nur träumen.

5. Die Anordnung der Informationen

Man soll auf die Frage direkt antworten, ohne Abschweifungen, auch wenn sie ungeschickt formuliert war. Der freundliche Erwachsene neigt beim Antworten zur Übertreibung. Die Einzelheit, nach der das Kind gefragt hat, hängt im Gedächtnis des Erwachsenen gewöhnlich mit einem

---

[20] IOAN CERGHIT: Perfecționarea lecției în școala modernă [Die Vervollkommnung der Unterrichtsstunde in der modernen Schule]. S. 105-106.

Gefüge von Kenntnissen zusammen, die mehr oder weniger logisch geordnet sind. Zum Stichwort „Wal" beispielsweise fällt uns ein: Wassertier; fischähnlich, aber Säuger mit Lungenatmung; bringt lebende Jungen zur Welt. Man unterscheidet mehrere Familien, eine davon sind die Delfine. Wale kommen in allen Meeren vor, einige Arten auch in großen Flüssen. Herdentrieb. Der größte Vertreter heißt Blauwal – 30 Meter lang, mehr als 100 Tonnen schwer. Der Blauwal ist international geschützt, da vom Aussterben bedroht. Und so weiter. Der Stolz auf das überlegene Wissen verleitet den Erwachsenen zu enzyklopädischer Weitschweifigkeit, zu lehrhafter Systematik. Falsch!

Wenn das Kind fragt, ob der Walfisch Kiemen habe, lautet die zwecksentsprechende Antwort „Nein, er atmet mit einer Lunge" oder „Nein, er atmet mit einer Lunge, der Wal ist nämlich ein Säugetier". Es hätte wenig Sinn, mit der Erklärung zu beginnen, dass der Wal ein Säuger ist, dessen Vorfahren sich in vorgeschichtlichen Zeiten an die Lebensweise im Wasser anpassten. Noch weniger angebracht wäre ein Hinweis auf die Tautologie *Walfisch*. Solche Einzelheiten müssen warten.

Fritzchen, acht Jahre alt, zu seinem Vater: „Papa, ich wollte dich schon längst nach zwei wichtigen Dingen fragen ..." –
„Nun, mein Junge?"
„Papa, es ist doch klar, dass ich an solche Märchen wie den Storch nicht mehr glauben kann. Kein Mensch tut das heutzutage. Woher kommen die Kinder, Papa?"
Der Vater erklärt es ihm, so gut er kann: „Sieh, mein Junge, die Pflanzen, die Tiere ..." usw. usw., bis das große Mysterium endlich entschleiert ist.
„Ja", sagt Fritzchen hingerissen, „ja! – und dann noch etwas Wichtiges: Warum sind die gestempelten Briefmarken teurer als die ungestempelten?"

Hänschen, der Sohn eines Drehbuchautors, hatte das Alter erreicht, da seine Eltern es an der Zeit fanden, ihn über gewisse natürliche Dinge aufzuklären. Sie trafen eine entsprechende Verabredung mit dem befreundeten Hausarzt. Der Junge hörte aufmerksam zu, was der Onkel

Doktor zu erzählen wusste. Schließlich fragte ihn der Arzt, ob er alles verstanden habe oder ob er noch Fragen hätte.
  „Klar, ich habe alles kapiert", meinte der Junge. „Aber ich verstehe nicht, was ich damit zu tun haben soll, ich will doch mal Filmregisseur werden."

Das kleine Kind besitzt keine distributive Aufmerksamkeit. Es kann nicht gleichzeitig zwei Prozesse verfolgen, zwei Personen zuhören, an zwei Sachverhalte denken; über dem einen vergisst es das andere. Seine Aufmerksamkeit gleicht dem Lichtkegel eines starken Bühnenscheinwerfers, der einen Teil des Bühnengeschehens erfasst, während alles andere im Dunkeln bleibt. Deshalb sind lange Einleitungen zur eigentlichen Antwort fehl am Platz – sie lenken ab, das Interesse schwindet, oder es entsteht Ärger über die Störung. Wir aber möchten das Interesse ausnutzen und wollen deshalb mit der Antwort unmittelbar dem Sinn der Frage entsprechen.

Die Antwort soll zuerst in einem kurzen Satz das ganze von der Frage umrissene Feld abdecken (und anschließend – vielleicht – auf Einzelheiten eingehen). Das ist selbstverständlich bei Entscheidungsfragen und leicht bei Bestimmungsfragen, wenn sich das Kind nach einer Person, nach einem Gegenstand, nach dem Ort oder nach der Zeit einer Handlung erkundigt. Es kann schwierig sein und ist nicht immer möglich bei Fragen nach einem Vorgang schlechthin oder bei Fragen nach der Ursache von Zuständen und Vorgängen, wenn die Ursache einen Prozess darstellt bzw. das Ergebnis des komplexen Zusammenwirkens von Faktoren. Jedenfalls muss man versuchen, die Antwort so aufzubauen, dass der Satz, der an den Wortlaut der Frage anknüpft, ganz vorn liegt. Dann fühlt sich das Kind zweifach bestätigt: durch die Bereitschaft des Erwachsenen zum Antworten und durch die Rücksichtnahme auf seine Ansicht. Infolgedessen wird die Aufmerksamkeit beim Zuhören zusätzlich motiviert.

Sehen wir uns in diesem Kontext ein spezifisches Nachschlagewerk an, das „Große Antwort-Buch" von Mary Elting, welches in 180 Erklärungen Antworten auf 300 der häufigsten Kinder-Fragen anbietet. Die Erklärungen lassen sich aus unserer Sicht in vier Gruppen ordnen.

A) In 102 Fällen ist der Bescheid ganz oder teilweise im ersten Satz enthalten, dann folgen Einzelheiten. Uns interessieren jene Fälle, die sich auf einen Prozess beziehen. Hier die Antwort auf eine Frage, die nur formell, wegen der bedingt unsachlichen Formulierung, eine Entscheidungsfrage ist: *Können Tiere miteinander sprechen?* Die Antwort lautet: *Die Menschen sind die einzigen Lebewesen, die in Worten und Sätzen sprechen. Aber auch die Tiere verständigen sich untereinander. Ein Star zum Beispiel [...]*[21] Hier die Antwort auf die Frage nach einem Vorgang: *Wie kommt es, dass ein Ball springt?* Mit dem ersten Antwort-Satz wird geschickt am Wortlaut der Frage angeknüpft und die Verbindung zur eigentlichen Erklärung hergestellt: *Ein Gummiball springt, weil er elastisch ist. Ein elastischer Körper besteht aus Molekülen, die zwei ganz verschiedene Dinge tun: sie geben nach, wenn sie gestoßen werden, aber sie widersetzen sich auch dem Stoß. Wenn ein Gummiball auf den Boden prallt [...]*[22]

B) In 43 Fällen erfordert die Antwort eine Einleitung. Das ist u.a. bei folgenden Fragen so: *Was geschieht im Körper einer Katze, wenn sie schnurrt? Wie reisen die Wörter durch den Telefondraht? Wie wirkt eine Impfung? Wie kommt es, dass Eis kühlt? Warum spüren wir nicht, dass die Erde sich dreht? Wie entstehen die Farben in einem Regenbogen?* In allen 43 Fällen wird nach einem komplizierten Vorgang gefragt; um den Vorgang darzustellen, muss man vorher die beteiligten Elemente und Faktoren erklären.

C) In 15 weiteren Fällen ist wohl eine Antwort möglich, die mit dem ersten Satz am Wortlaut der Frage anknüpft, doch muss man Folgendes in Betracht ziehen: Weil das Buch dem Leser Fragen suggeriert, erscheint es geboten, diese zu motivieren; es ist nicht zu erwarten, dass jedem Kind gleich die Umstände bewusst sind, die jeweils zur Frage Anlass geben. Zum Beispiel: *Warum müssen wir immer wieder Wasser ins Aquarium gießen?*

D) Schließlich bleiben 20 falsch aufgebaute Antworten übrig (ein Neuntel aller Antworten). Auf die Frage, ob Alligatoren dasselbe seien

---

[21] MARY ELTING: Das große Antwort-Buch. S. 35.
[22] Ebd., S. 43.

wie Krokodile, kann man doch mit einem klaren Nein antworten und anschließend die Unterschiede aufzählen (statt umgekehrt).

Alles in allem könnte man meiner Ansicht nach in 137 Fällen von 180 mit dem ersten Satz der Antwort am Wortlaut der Frage anknüpfen.

Man soll sich an das empfohlene Strukturmodell halten, auch wenn die Frage eine nebensächliche Einzelheit betrifft. Das Kind denkt in anderen Zusammenhängen. Wenn keine weitere Frage folgt, kann man versuchen, den Kontext zu erhellen. Insoweit gleicht die zweckmäßige Antwort auf eine Kinder-Frage im Aufbau der gut redigierten Zeitungsnachricht: Der erste Satz enthält das Wesentliche, dann folgen immer weniger wichtige zusätzliche Informationen. Das Wesentliche in unserem Fall ist das, was dem Kind wichtig scheint.

Die thematische Vielfalt der Fragen, die das Kind insgesamt stellt, bedeutet nicht, dass die Antwort auf jede davon ausführlich sein kann. Wenn eine Einzelheit zu klären ist, lenken die Ergänzungen ab. Bei Kindern im Vorschulalter sind die Zusätze oft in den Wind gesprochen, sie werden überhört. Ein kleines Schulkind protestiert heftig gegen weitläufige Erklärungen, um die es gar nicht gebeten hat; ein größeres Schulkind hört vielleicht höflich, aber geistig abwesend zu.

In allen Fällen ist das Interesse unseres Gesprächspartners von ausschlaggebender Bedeutung. Wenn es gelingt, seine Neugierde für Tatsachen zu entfachen, die wir als wesentlich betrachten, dann haben wir gewonnen.

6. Kriterien für Wortwahl und Satzbau

Ebenso wie die verkehrte Anordnung der Informationen können falsche Wortwahl und unübersichtlicher Satzbau das Kind verwirren. Wenn wir nicht wollen, dass sein Interesse schnell nachlässt, werden wir schwer verständliche Wörter und lange Sätze vermeiden.

Für unser Problem ist eine Episode aus der fantastischen Erzählung „Alice im Wunderland" von Lewis Carroll aufschlussreich. Als Alice und die Tiere nach dem Bad im Tränensee frösteln, verspricht die Maus Abhilfe und überschüttet die Gesellschaft mit dem „trockensten

Wissensstoff", den sie kennt, doch wird das Übel dadurch eher noch größer:

„[...] Wilhelm der Eroberer, dessen Unternehmen durch den Papst begünstigt wurde, unterwarf sich innerhalb kurzer Zeit die Engländer, die keine Heerführer besaßen und sich in weitestem Maße an widerrechtliche Aneignungen gewöhnt hatten. Edwin und Morcar, die Grafen von Mercia und Northumbria ..."

„Brrr!" stöhnte der Papagei frierend.

„Verzeihung, sagtest du etwas?" forschte die Maus und runzelte die Stirn, aber äußerst höflich.

„Ich? Nein!" antwortete der Papagei eilig.

„Nein? Ich hatte aber den Eindruck!" murrte die Maus. „Ich fahre fort: Edwin und Morcar, die Grafen von Mercia und Northumbria, stellten sich auf seine Seite, und sogar Stigand, der patriotische Erzbischof von Canterbury, fand es ratsam ..."

„Was fand er?" erkundigte sich die Ente.

„Es!" versetzte die Maus ziemlich scharf. „Du musst doch wissen, was ‚es' ist!"

„Ich weiß genau, was ‚es' ist, wenn ich ‚es' finde", erklärte die Ente. „‚Es' ist gewöhnlich ein Frosch oder ein Wurm. Die Frage ist nur, was der Erzbischof fand."

Die Maus ließ diese Frage unbeantwortet. Hastig fuhr sie fort.: „... fand es ratsam, mit Edgar Ateling zu Wilhelm dem Eroberer zu gehen und ihm die englische Krone anzubieten. Wilhelm zögerte, dieses Anerbieten anzunehmen, aber die Unverschämtheit seiner Normannen ..." Sie unterbrach sich und sah Alice fragend an. „Wie fühlst du dich, meine Liebe?" – „So nass wie zuvor", erwiderte Alice betrübt. „Dein Wissensstoff trocknet mich kein bisschen." Der Pelikan erhob sich. „In diesem Falle", schnarrte er feierlich, „bringe ich hiermit die Petition ein, die Konferenz zwecks Adaption wirkungsvollerer Direktiven zu vertagen und ..."

„Drück dich doch verständlich aus", fiel ihm der junge Adler ins Wort. „Mir ist höchstens die Hälfte deiner Fremdwörter bekannt und dir bestimmt auch!" Er steckte den Schnabel ins Gefieder, um sein *spöttisches Grinsen zu verbergen. Einige andere Tiere kicherten vernehmlich.*[23]

Der Vortrag der Maus strotzt von abstrakten Formulierungen: *ein Unternehmen begünstigen, jemanden unterwerfen, innerhalb kurzer Zeit, in weitestem Maße, widerrechtliche Aneignung, etwas ratsam finden, eine Krone anbieten, ein Anerbieten annehmen.* Dazu kommen die an und für sich nichtssagenden Namen – Namen erhalten erst in Verbindung mit einer konkreten Handlung Sinn. Um Kindern einen geschichtlichen Vorgang verständlich zu machen, sind anschauliche, greifbare Fakten und konkrete Ausdrücke notwendig. Offensichtlich macht Lewis Carroll sich über stümperhaften Geschichtsunterricht lustig; er zeigt, wie man es nicht machen soll. Diese unsere Vermutung wird durch die Aussage des Pelikans bestätigt, der höhnisch den Fehler der Maus steigert.

Je kleiner das Kind, umso weniger kann es mit abstrakten Wörtern anfangen. Abstrakte Wörter sind: *Anstand, Bewusstsein, Bilanz, Ehre, Forschung, Fortschritt, Konzept, Reinkultur, Tradition, Wissenschaft; aktiv, allmählich, experimentell, genug, gerecht, gewissenhaft, ideal, komplex, konsequent, normal, ziemlich; ableiten, analysieren, durchschauen, urteilen, veranlassen.*

Wenn im Kontext kein anderer, anschaulicher Anhaltspunkt gegeben wird, sind zahlreiche Adjektive und Adverbien, die man im Alltag laufend verwendet, ganz abstrakt: *nahe, weit, wenig, viel, früh, spät, bald, leise, laut, leicht, schwer, langsam, schnell, warm, lau, kalt.* Wir dürfen nicht vergessen, dass die Verwendung der adjektivischen Attribute durch das Kind, der Bezeichnungen für Farbe, Höhe, Breite, Gewicht relativ spät beginnt und noch später die Verwendung der Adjektive in der Mehrstufe.

Das Kind eignet sich die Einheiten des Metrischen Systems, die Gewichtsmaße, die Zeiteinteilung des Erwachsenen aufgrund seiner praktischen Tätigkeit an, in einem langen, stark von den Lebensumständen bedingten Lernprozess. Einem Schüler der zweiten Grundschulklasse sind mehrere Einheiten des metrischen Systems vom Namen her bekannt. Ob er sich unter *Millimeter, Zentimeter* und *Meter* etwas

---

[23] LEWIS CARROLL: Alice im Wunderland. S. 25-26.

vorstellen kann, hängt von wiederholten praktischen Verrichtungen ab. Dasselbe gilt für die Einheiten *Liter* und *Kilo*. Die Zeiteinheiten *Minute, Stunde, Tag* und *Woche* sind ihm vertraut. Er kennt die Monatsnamen, aber beim Rechnen mit Monaten wird er unsicher.

Wörter und Redewendungen mit übertragener Bedeutung bereiten dem Kind Schwierigkeiten. Erstes Beispiel: Das Bild, das dem Wort *ankreiden* zugrunde liegt, stammt aus einer schon historischen Praxis der Gastwirte. Zweites Beispiel: Wie die Katze mit der Maus spielt, kann das Stadtkind nicht direkt beobachten, und die Mickymaus-Filme führen es zu einer falschen Vorstellung. Es gibt ein Ballspiel, das „Katze und Maus" heißt und entfernt an die Mäusejagd der Katze erinnert (der betreffende Spieler hascht nach dem relativ kleinen Ball), das aber keineswegs durch die unbedingte Überlegenheit der „Katze" gekennzeichnet ist. Folglich wird das Kind durch die Redewendung *mit jemandem Katz' und Maus spielen* abgelenkt und verwirrt. Ähnlich steht es mit vielen anderen bildhaften Ausdrücken.

Je kleiner das Kind, umso geringer sein Wortschatz. Damit es eine Mitteilung versteht, muss man Wörter wählen, die ihm bekannt sind. Um ein Missverständnis zu vermeiden: Die Sprache kann auf abstrakte Wörter, bildhafte Ausdrücke und Fremdwörter nicht verzichten. Das ist nicht gemeint. Die Kinder selbst müssen mit diesen Elementen vertraut werden und sie allmählich in ihren Wortschatz aufnehmen. Nur eben beim Beantworten einer Kinder-Frage soll man Zurückhaltung üben.

Wie kommen wir dem Kind entgegen? Durch konkrete Angaben. Anstelle der Forderung „Komm bald nach Hause!" kann es heißen: „Bleib bis zur Kindersendung!" Wenn die Frage lautet „Wie weit soll die Straßenbahn sein, damit ich sicher hinübergehe?" kann man natürlich sagen „100 Meter", aber das nützt dem Kind wenig; man formuliert besser: „Noch jenseits vom dritten Leitungsmast."

Was den Satzbau betrifft: *Hauptsätze. Hauptsätze. Hauptsätze.* So lautet die Empfehlung Tucholskys in den „Ratschlägen für einen guten Redner"[24], und das gilt auch bei Erklärungen für Kinder. Mehrere

---

24   KURT TUCHOLSKY: Ratschläge für einen guten Redner. In: Ders.: Zwischen gestern und morgen. S. 104-105.

Nebensätze, Schaltgruppen, Schaltsätze, Schachtelsätze machen die Mitteilung unübersichtlich und damit unverständlich. Eine an das Kind gerichtete gesprochene Mitteilung soll deshalb in einfache Sätze gegliedert sein und in Satzgefüge mit nicht mehr als einem Nebensatz.

Laut einer Mitteilung des Paderborner Instituts für Kybernetik (im Dezember 1983) kann gut die Hälfte der Erwachsenen gesprochenen Sätzen mit mehr als dreizehn Wörtern nicht mehr folgen. Rund ein Drittel vergisst den Anfang eines Satzes bereits dann, wenn elf Wörter ohne Pause aneinandergereiht werden. Für siebenjährige Kinder ist die „Schallgrenze" des Verstehens bereits bei acht Wörtern erreicht.

Ein weiteres Gebot bei der sprachlichen Gestaltung der Antwort heißt phonetisch korrekte Aussprache und grammatikalisch korrektes Formulieren. Unsere Redeweise soll dem Kind als Muster dienen.

7. Warum wir zögern

Wenn der Erwachsene dem Kind helfen will, kann ihn gar nichts vom Antworten abhalten. Gleichwohl wäre unser Ratgeber inkomplett ohne die Betrachtung der Gründe, die ihn zuweilen hemmen.

A) Die Frage wurde mitten in einem Gespräch mit ganz anderem Thema gestellt. Je kleiner das Kind, umso wichtiger die sofortige Antwort. Von Schülern der Klassen fünf bis acht kann man schon fordern, dass sie eine geeignete Gesprächspause abwarten bzw. im Unterricht Fragen aufschreiben und sie in dem dafür bestimmten Stundenabschnitt oder nach der Stunde vorbringen – dass sie organisiert an einer Diskussion teilnehmen.

B) Die Frage war grammatikalisch falsch formuliert. Man soll antworten und bei Gelegenheit auf den Fehler zurückkommen. Andernfalls klingt das Interesse ab, das Kind vergisst unter Umständen sogar die ursprüngliche Absicht, es schämt sich oder ärgert sich, und die Erläuterung zu dem Fehler wird nur widerstrebend oder gar nicht zur Kenntnis genommen.

C) Die Frage betrifft persönliche Angelegenheiten oder Familienprobleme und wurde in der Öffentlichkeit gestellt, etwa in der Straßenbahn. Man soll kurz antworten und die Fortsetzung zu Hause versprechen. Ein Vorfall, der bei Licht besehen harmlos ist, kann sich durch Verweigerung der Auskunft und durch Schelten zu einem peinlichen Auftritt auswachsen.

D) Die Worte des Kindes wecken unangenehme Erinnerungen. Das geschieht beispielsweise in der Erzählung „Pole Poppenspäler" von Theodor Storm, als der Ich-Erzähler den Kunstdrechsler Paul Paulsen nach der Bedeutung seines Beinamens fragt. Der lange, gar nicht einfache Lebensbericht des Meisters lässt ihn verstehen, welch wunden Punkt er unabsichtlich berührt hat.

E) Die Frage lässt vermuten, dass etwas Schlimmes geschehen ist, was geheim bleiben sollte – kürzlich oder vor längerer Zeit. Man soll antworten und die Sache später zur Sprache bringen. Gegenfragen, Bedingungen für eine Antwort und Schimpfen verunsichern das Kind, es igelt sich ein. Übrigens ist das Missgeschick im umfassendsten Sinne ein natürlicher Begleiter des Kindes, man soll sich darauf einstellen.

F) Die Frage betrifft die Herkunft der Babys oder die Beziehungen zwischen Mann und Frau. Manche Personen empfinden es als unschicklich, mit Kindern über diese Themen zu sprechen, andere wären zur Antwort bereit, doch können sie sich nicht ausdrücken. Der kluge Mann baut vor, indem er sich mittels eines Handbuchs zur sexuellen Aufklärung dokumentiert. Dort steht auch vermerkt, in welchem Alter sich die Kinder nach Einzelheiten erkundigen. Man neigt dazu, die Kinder im Hinblick auf dieses Thema zu unterschätzen. Die ersten Fragen nach der Herkunft der Babys tauchen im Alter von drei Jahren auf, die ersten Fragen nach der Rolle des Vaters bei der Zeugung im Alter von acht Jahren.

G) Der Erwachsene versteht nicht, was mit der Frage gemeint ist. Sofern er das Vertrauen des Kindes besitzt, macht das nichts. Er kommt nach dem zweiten oder dritten vergeblichen Anlauf schon drauf. Wer die Entwicklung der geistigen Interessen seines Kindes mit Anteilnahme beobachtet, muss selten raten.

H) Die geforderte Auskunft widerspricht einer früher vermittelten Information. Wie Jerome S. Bruner vermerkt, kommt so etwas auch im Unterricht vor. Der Lernpsychologe gibt dafür folgende frappante Beispiele: Die Newtonschen Gesetze der mechanischen Bewegung stehen im Widerspruch zu den unmittelbaren Erfahrungen der Sinnesorgane. –

Die Mechanik der Wellen steht im Widerspruch zur naiven Überzeugung der Schüler, dass die mechanische Aktion die einzige Form der realen Übertragung von Energie darstellt. – Dem Sprachgebrauch zufolge geht Energie verloren, und dann hören die Kinder eines Tages im Physikunterricht vom Gesetz der Erhaltung der Energie, laut welchem Energie nicht verlorengeht.[25]

I) Die Frage betrifft einen Begriff oder Sachverhalt, der das Vorstellungsvermögen des Kindes überfordert, bzw. einen Begriff oder Sachverhalt, zu dem das Kind keine Vorkenntnisse besitzt. Wir sollen trotzdem eine Antwort versuchen. Irgendwelche Kenntnisse sind immer vorhanden; es kommt darauf an, das zu vermittelnde Wissen in Beziehung zu setzen zu etwas Bekanntem, damit es einen Sinn erhält, man muss es gewissermaßen an das vorhandene Wissen anstricken. Vereinfachen ist oft unvermeidlich, es stellt unsere Erfindungsgabe auf die Probe. Was ist der Atommeiler? Ein großer Ofen. Was ist der pH-Wert? Ein Geschmack bei Flüssigkeiten; die Chemiker drücken mit dem pH-Wert aus, ob eine Flüssigkeit nur wenig oder stark sauer ist.

J) Wir könnten die geforderte Auskunft unmöglich in drei oder vier kurze Sätze fassen. Aber muss man denn immer gleich erschöpfend Auskunft geben? Hauptsache, wir weisen das Kind nicht ab. Wenn sein Interesse wach bleibt, wird es mit weiteren Fragen nachstoßen.

K) Der Erwachsene weiß nicht (oder nicht genau) Bescheid. Bereits kleine Kinder stellen manchmal ganz vernünftige Fragen, die uns überfordern. Zum Beispiel: Wie viele Bienen leben in einem Stock? – Warum bleibt die Spinne nicht in ihrem eigenen Netz stecken? – Welche Marke hat dieses Auto? – Wie kann man beim Fernsehen so geschickt weiße und farbige Flächen trennen?

Variante Alpha: Der überfragte Erwachsene tut vernünftigerweise, was er im Zweifelsfall sonst auch tun würde – er schlägt in einem Lexikon oder Handbuch nach (notfalls auch im Verzeichnis der Postleitzahlen), oder er sucht einen Fachmann auf. Aber das tut nicht jeder.

---

[25] JEROME S. BRUNER: Procesul educaţiei intelectuale (Der Prozess der intellektuellen Erziehung] S. 71.

Variante Omega: Der überfragte Erwachsene zögert, weil er sich keine Blöße geben möchte – als ob ein Mensch allwissend sein könnte. Nun halten die kleinen Kinder ihre Eltern tatsächlich für allwissend. Infolgedessen erlebt jedes Kind irgendeinmal einen Schock bei der Feststellung, dass auch das Wissen seiner Eltern begrenzt ist. Der Erwachsene tut gut daran, diesen unvermeidlichen Moment mit Gelassenheit zu erwarten. Seine vergleichsweise unendlich reichen Kenntnisse machen doch weiterhin den größten Eindruck.

Wenn der Erwachsene Wissen vortäuscht, um den vermeintlich kritischen Moment der Erkenntnis hinauszuschieben, steuert er einen Vertrauensbruch mit möglicherweise peinlichen Folgen an.

L) Schließlich soll hier die traditionelle Vorstellung vom Lehrer-Status erwähnt werden, weil das Lehrer-Schüler-Verhältnis für viele Erwachsene Modellwert hat. Jene traditionelle Vorstellung vom Lehrer-Status wirkt sich noch oft dergestalt auf die Unterrichtsstunde aus, dass der Lehrer keine Schüler-Fragen vorsieht. Der im herkömmlichen Arbeitsstil befangene Lehrer betrachtet sich als ausschließlichen Vermittler von Informationen und sittlichen Werten; er unterdrückt Schüler-Fragen als sicheren Zeitverlust und wahrscheinliche Ablenkung vom Thema. Die moderne Auffassung vom Unterricht verwirft diese Haltung.

Anschließend zitiere ich aus zwei Aufsätzen mit Überlegungen zum Vorgehen des Lehrers. Die Aufsätze sind in dem von Jerome S. Bruner herausgegebenen Sammelband „Lernen, Motivation und Curriculum" erschienen.

Paul Mussen und Clementina Kuhlmann vermerken im Aufsatz „Initiativreaktionen":

Es dauert lange, bis das Kind lernt, Fragen richtig zu formulieren. Dieses Lernen reicht bis weit in die Schuljahre hinein. [...]

Zum guten Unterrichten gehört die realistische Bewertung der „initiativen" Reaktionen eines Kindes. Die ersten Fragen mögen noch so unwichtig und weithergeholt erscheinen – der Lehrer darf sie nicht lächerlich machen oder übergehen, um nicht die künftige Beteiligung des Kindes am Unterricht zu gefährden. Vielmehr sollte er dem Kind zeigen – durch geschickte Lenkung und auch durch die Hilfe der Klassenkameraden –, wie man allgemeine, schwierige Fragen und Probleme in gezieltere, lösbare Fragestellungen auffächert. Die erfolgreiche Bewältigung solcher Fragestellungen regt nicht nur zu weiteren Fragen an, sondern schafft auch eine Art von Vertrauensreserve in die eigenen Fähigkeiten. Infolgedessen wird das Kind nicht ernstlich frustriert, wenn es Fragen stellt, die nicht sofort beantwortbar sind, weil die Antwort entweder kindliches Verständnis übersteigen würde oder einfach nicht verfügbar ist.

Je mehr die Kinder solche Grenzen begreifen, desto schwächer werden ihre Omnipotenzgefühle. Gleichzeitig wachsen der Sinn für Realitäten und ein gesundes Selbstvertrauen beim Problemlösen. Das Niveau der Erwartungen wird realistisch, d.h., das Kind sieht ein, dass das Bewältigen komplizierter Probleme normalerweise die Formulierung und Lösung einer Reihe von Teilproblemen erfordert, die miteinander in Beziehung stehen.[26]

Mary Henle sagt im Aufsatz „Kognitive Fähigkeiten" mit Bezug auf das Lösen von Problemen:

Eine andere lehrbare Strategie dürfte im Umformulieren von Fragen bestehen. Spontan formulierte Frage sind oft nicht beantwortbar oder legen eine irreführende Antwort nahe und müssen daher in andere Worte gefasst werden. Duncker hat gezeigt, wie eine Abfolge von immer wieder umformulierten Fragen zur Lösung führt. Bekanntlich werden im Kriminalroman Fragen in einer zunächst irreführenden Weise gestellt; das geheimnisvolle Ende würde verborgen bleiben, wenn das Problem in seiner ursprünglichen Form verharrte. Tatsächlich könnte man Schulkindern mit sorgfältig ausgewählten Detektivgeschichten die verwirrende oder klärende Wirkung von Frageformulierungen lebendig vor Augen führen. „Eine Frage, die richtig gestellt ist, trägt ihre Antwort auf dem Rücken, wie die Schnecke ihr Haus" (James Stephens).[27]

In unserem Aufsatz war von Kinder-Fragen die Rede, die ein – aus der Sicht des Erwachsenen – spontanes Interesse zum Ausdruck

---

[26] PAUL MUSSEN und CLEMENTINA KUHLMANN: Initiativreaktionen. In: JEROME S. BRUNER: Lernen, Motivation und Curriculum. S. 29.

[27] MARY HENLE: Kognitive Fähigkeiten. Ebd., S. 71.

bringen; der Erwachsene ist auf die Antwort nicht speziell vorbereitet. Die Schule aber strebt die wissenschaftlich fundierte Vermittlung von Bildungs- und Erziehungsinhalten an, deshalb verlassen engagierte Lehrkräfte sich nicht auf glückliche Zufälle. Im Unterricht soll das Interesse der Kinder künstlich geweckt und gesteuert werden. Der organisierte Charakter des Unterrichts erlaubt es, mögliche Fragen vorauszusehen und sich auf die Beantwortung vorzubereiten. Gute Lehrer planen eigens Frage-Minuten ein.

III. Schluss

Noch zwei Erkenntnisse, die allgemeine Gültigkeit für die Wissensvermittlung im Unterricht haben, können uns als Richtschnur dienen.

A) Einzelheiten, die nicht in einen Kontext eingebaut sind, werden schnell vergessen. Zum Kontext gehören,
- wenn es sich um einen Gegenstand oder um ein Lebewesen handelt – die Gattung und die Verwandten, dann die Bestimmung bzw. die Lebensumstände;
- wenn es sich um ein Geschehen handelt – die Absichten der Beteiligten;
- wenn es sich um einen Standpunkt handelt – die Vorgeschichte und Argumente.

B) Informationen werden umso besser behalten, je mehr das Kind ihre Nützlichkeit, die Möglichkeit der praktischen Anwendung einsieht.

Diese Empfehlungen stehen nur scheinbar im Widerspruch zu der in den Abschnitten II/1 und II/5 formulierten Warnung, dem Kind Informationen an den Kopf zu werfen, um die es gar nicht gebeten hat. Dem Lehrer schreibt der Lehrplan vor, welches Wissen er vermitteln soll. In einem Gespräch außerhalb des Unterrichts aber ist das – altersbedingte – Interesse des Kindes entscheidend dafür, ob man aufhören oder fortfahren soll.

Freundliche Antworten „schmecken nach mehr". Fassliche Antworten „schmecken nach mehr".

Wie dein Kind scherzen lernt

Vom Umkehrungsvers zum gutmütigen Witz:
ein langer Marsch
durch Sprache und Egozentrismus

Wenn bei uns im Banat der Werkstoff zu einem Vorhaben nicht ganz reichte – da fehlten z.B. drei Stützstangen beim Paradeis-Aufbinden oder ein halber Topf Tünche beim Weißeln, man brauchte noch ein Knäulchen Wolle oder eine Handvoll Teig –, dann hörte man oft folgenden Kommentar: „Es geht aus wie bei Matzens Hochzeit – der Letzte hat keinen Löffel gekriegt." Mit dieser Redensart (die in mehreren Varianten zirkulierte) verscheuchte der Banater Schwabe den Ärger seines Partners über den Fehlbetrag. Wie lässt sich ihre Wirkung erklären?

Durch die Bezugnahme auf die Hochzeit wird ein Vergleich vorgenommen. Die Redensart macht deutlich, um wie viel schlimmer es anderen schon ergangen ist. Was für ein Gegensatz zwischen Anlass und Anstalten, wenn bei dem großen Fest, welches gewöhnlich Überfluss und Freigebigkeit auszeichnen, ein Gast ohne Löffel oder gar die Braut als Hauptperson ohne Teller bleibt! Man fühlt sich über den Unglücksraben von Matz erhaben; an seiner Not gemessen erscheint das Pech mit den drei Stützstangen beim Paradeis-Aufbinden als gering. Diese Auftrieb verleihende Einsicht verschmilzt mit einer weiteren Erleichterung. Während die erste Hälfte der Redensart den Zuhörer neugierig macht auf die Ähnlichkeit zwischen Matzens Hochzeit und seinem banalen Missgeschick, löst die zweite Hälfte die Spannung, indem sie eine unerwartete Gemeinsamkeit aufdeckt.

Was empfinden wir als komisch? Jeden Widerspruch im Handeln anderer (seltener im eigenen), der sich unserer Meinung nach leicht vermeiden ließe. Das gilt auch für den Fall, dass der Schaden gering, die Aufregung aber groß ist.

Der Begriff „Scherz" steht nicht im Brockhaus, so wenig wie das von Christian Morgenstern erfundene Nasobem. Ebenso wenig bei

WIKIPEDIA. Deshalb soll hier zunächst erklärt werden, was ein Scherz ist und wie die Erwachsenen scherzen. Anschließend wollen wir einen Blick auf die Techniken der Sprachbeherrschung werfen, die das Kind sich im Laufe der Jahre aneignet und die es eines Tages zum Scherzen befähigen.

Um Missverständnisse auszuschließen, sei vermerkt, dass man auch dann von einem Scherz spricht, wenn eine Aussage als Bedrohung empfunden wird, was aus den Repliken hervorgeht. Zum Beispiel: *Das kann nicht Ihr Ernst sein – Sie belieben zu scherzen. – Das ist ein schlechter Scherz. – Ich verbitte mir solche Scherze.* Solche Repliken verweisen indirekt auf die Natur des Scherzes als Beitrag zur guten Laune bzw. als Hilfsangebot in einer Notlage.

I. Ansätze zu einer Definition

1. Warum das Problem knifflig ist

Wir werfen das Netz der Definition aus nach einem wunderbaren Fisch: dem Scherz. Immer wieder schlüpft er uns durch die Maschen.

Kommt der Scherz nur als wörtliche Mitteilung vor? Nein, denn wir scherzen auch dann, wenn wir ein kleines Geschenk überreichen, wie es in den Balkanländern am 1. März geschieht.[28] Gebärden und Handlungen vermitteln oft genug eine Information. Wenn die Botschaft aus der Art des Geschenks und aus den Umständen eindeutig hervorgeht, kann man auf eine Erklärung verzichten. Im Folgenden wollen wir uns auf den

---

[28] Im alten Rom begann ein neues Jahr am 1. März, und während der römischen Herrschaft haben die Balkanvölker den römischen Kalender übernommen. Aus jener Zeit stammt der Brauch, dass Burschen ihrer Liebsten bzw. Männer ihrer Ehefrau und anderen weiblichen Personen am 1. März ein Angebinde überreichen, das mit einem rot-weißen Schnürchen über dem Herzen befestigt wird. Das Angebinde ist ein kleines Kunstwerk aus Holz, Horn, Stein, Kunststoff oder Metall und kann tausenderlei Formen haben.

Scherz als gesprochene Mitteilung beschränken, ohne auf die andere Möglichkeit zu vergessen.

Kinder amüsieren sich über Scherze, die dem Erwachsenen kein Lächeln abgewinnen, die er nicht einmal bemerkt, während es umgekehrt Scherze für Erwachsene gibt, die kein Kind versteht. Wie hängen die zwei Kategorien von Mitteilungen zusammen?

Beim Versuch einer Definition stört am meisten, dass für den Scherz keine unbeschwerte, fröhliche Stimmung verpflichtend ist. In unserer Vorstellung verbindet sich der Begriff mit guter Laune und Übermut, doch bei näherer Betrachtung tun wir dem Scherz damit Unrecht: Scherzen ist in ernster Lage, bei gedrückter Stimmung, in gespannter Atmosphäre möglich. Ein berühmter, aus dem Altertum überlieferter Scherz wurde unter dramatischen Umständen gemacht. Der Perserkönig Xerxes war im Begriff, mit einem riesigen Heer Griechenland anzugreifen, da verhandelte eine Abordnung aus Sparta, welches die Führung der Griechen übernommen hatte, mit den Persern. Um den Mut der Gesandten zu lähmen, höhnten die Perser, im Kriegsfalle werde man vor ihren vielen Pfeilen die Sonne nicht sehen. Darauf entgegnete ein Spartaner kaltblütig: „So werden wir im Schatten kämpfen!" Mit dieser Antwort richtete er die Gefährten auf. Er hatte aus der Androhung der ungeheuren Gefahr, durch die Verdunkelung der Sonne veranschaulicht, eine unerwartete Bequemlichkeit für die an Strapazen gewöhnte spartanische Streitmacht abgeleitet.

Schon Cicero hat sich mit dem Scherz beschäftigt, das war vor mehr als 2.000 Jahren. Was ich an Gedrucktem zum Thema finden konnte, ist dessen ungeachtet dürftig. Uns interessiert, wie ein Kind scherzen lernt.

2. Der Scherz in Notlage

Wie könnten wir den wunderbaren Fisch in die Enge treiben? Da ein Scherz darauf abzielt, Heiterkeit zu erregen, ziehen wir keine Situation in Betracht, die sich von vornherein durch gute Stimmung auszeichnet, sondern eine Notlage: Der Gesprächspartner ist bedrückt durch einen Misserfolg oder müde, er wird von Hitze, Hunger und Durst geplagt, er leidet Schmerzen oder fühlt sich bedroht. Trotzdem bringt der Scherz ihn zum Lächeln. Der Scherz verschafft ihm Erleichterung, er lässt ihn die Lage in einem anderen Licht, von einem anderen Standpunkt aus sehen.

Bei Misserfolg, Müdigkeit, Schwäche, Schmerz, Furcht usw. neigt der Mensch dazu, sich in sich selbst zurückzuziehen, sich auf die eigene Person zu konzentrieren, er achtet wenig auf die Umgebung und verliert die Bezugsgrößen aus dem Auge. Der Scherz reißt den Gesprächspartner aus einer solchen Isolation. Er bewirkt noch etwas mehr, und gerade dieses Mehr unterscheidet ihn vom Trost.

3. Die Leistung des Widerspruchs

Der Scherz fordert den Verstand durch einen komischen Widerspruch heraus, bei unseren Beispielen ist es der Widerspruch zwischen banalem Missgeschick und Hochzeit bzw. zwischen Bedrohung und Bequemlichkeit. Das Nachdenken über den Widerspruch führt wie eine Rampe zum anderen Standpunkt. Im ersten Fall sieht der Gesprächspartner ein, dass es im Leben Schlimmeres gibt als seinen Fehlbetrag. Durch den Scherz wird hier das aktuelle Missgeschick relativiert, und der Partner distanziert sich von seiner Betroffenheit. Die Entgegnung des Spartaners steht für folgenden Gedankengang: Schatten bedeutet Erleichterung, eine Begünstigung bei der Mühsal des Kämpfens; wenn das griechische Heer den Vorteil des Schattens hat, wird es mehr leisten. Man kann aus der Antwort Standhaftigkeit und Entschlossenheit heraushören. Den anderen Mitgliedern der Abordnung vermittelte sie eine wichtige Einsicht: Wir Spartaner sind Schweres gewöhnt, wir müssen uns durch die Großmäuligkeit der Perser nicht schrecken lassen.

Dieser zusätzliche Bedeutungsinhalt macht die Antwort zum Scherz.

Sobald der Gesprächspartner den zusätzlichen Bedeutungsgehalt erfasst (sobald der Groschen fällt, sobald es blitzt, sobald ihm die Erleuchtung kommt), hat er ein Erfolgsgefühl. Auch beim Trösten versuchen wir zu erreichen, dass der Gesprächspartner sich von seiner pessimistischen, egozentrischen Ansicht der Lage distanziert, indem wir einen realistischeren Standpunkt anbieten – aber auf andere Weise: wir erinnern an frühere Erfolge, erklären unsere Hilfsbereitschaft oder stellen Unterstützung seitens Dritter in Aussicht. Dieselbe Wirkung wie beim Scherzen können wir dabei nicht erreichen. Die Erleuchtung macht dem Gesprächspartner eine Kraftreserve bewusst. Er wird dazu ermutigt, aus der Isolation herauszutreten, sich den angebotenen Standpunkt anzueignen. Der Scherz ist dem Trost durch die Methode überlegen. Der Einbau des Erleuchtungsmoments erweist sich als genialer Trick der Seelenmassage.

Wenn ein Kind sich verletzt hat und die verkrustete Schramme herumzeigt, kann man ihm natürlich sagen: „Es wird schon heilen." Das ist ein Trost. In der Mondschein-Gasse, wo ich aufgewachsen bin, pflegten die alten Leute verschmitzt zu kommentieren: „Bis du heiratest, vergeht's." Durch den Zusatz lenkten sie ab – über jenes geheimnisvolle Ereignis konnte man sein dummes Missgeschick vergessen. Durch die Verletzung war ich aus der Gemeinschaft der Gesunden ausgeschlossen. Die Aussicht, dass ich heiraten werde wie alle anderen Leute, machte diesem Zustand ein Ende.

Die landläufige Vorstellung von einer spezifischen Scherzatmosphäre hat freilich ihre guten Gründe. Je trübsinniger der Gesprächspartner, umso mehr Takt, je gespannter die Lage, umso mehr Kaltblütigkeit und Geistesgegenwart sind zu einem guten Scherz notwendig. Das Scherzen über die eigene missliche Lage setzt voraus, dass man klaren Kopf behalten und sich beherrschen kann. Diese Bedingtheit erklärt, weshalb der Scherz am besten bei guter Laune, in gelöster Atmosphäre gedeiht, wenn dem Sprecher, der das Publikum erheitern möchte, kein besonderer Aufwand abverlangt wird.

4. Ein Ausdruck der Sicherheit

Ein Scherz bringt Sicherheit zum Ausdruck, das Gefühl der vermeintlichen oder tatsächlichen Überlegenheit in Bezug auf einen aktuellen Sachverhalt.

Beim Eislaufen und beim Geräteturnen zeigen wir unsere Sicherheit durch die beliebige Verbindung verschiedener Übungselemente zu einer Kür mit immer größerem Schwierigkeitsgrad, beim Lösen einer

komplizierten theoretischen Aufgabe zeigen wir sie durch das souveräne Handhaben von Hypothesen. Im Falle eines moralischen Konflikts bekunden wir unsere Sicherheit durch einen Scherz. Der Sprecher gibt zu erkennen:
- er hat sich von seiner Überraschung erholt, sich aus der Befangenheit gelöst, hat seine Fassung wiedergefunden;
- er hat eine Anwandlung von Zweifel, Schwäche, Ärger, Zorn, Geiz, Neid, Furcht usw. überwunden, er hat sich wieder in der Gewalt;
- er hat einen inneren Abstand gewonnen, er ist zu einer neuen Einsicht gelangt;
- er beherrscht die Lage.

Ein moralischer Konflikt kann sich ergeben, wenn uns der Alltag – zuweilen ganz unvermittelt – vor eine physische oder intellektuelle Aufgabe stellt, der wir uns nicht gewachsen fühlen.

5. Stilistische Mittel zum Scherzen

Stilistische Mittel, um den inneren Abstand zu verdeutlichen, sind bildhafte Wörter und Wendungen mit übertragener Bedeutung, Sprichwörter als Bezugnahme auf eine allgemeine Erfahrung, Redensarten mit Bezug auf eine Autorität. Wenn der Gesprächspartner in Notlage imstande ist, den Sinn der bildhaften Wörter und Redensarten zu entschlüsseln, offenbaren sie eine Kraftreserve.

Etwas Altbekanntes: *ein alter Hut.*
Sich um eine Sache nicht weiter kümmern: *die Karre laufen lassen.*
Überflüssig: *das fünfte Rad am Wagen.*
Jemandem schmeicheln: *ihm Honig um den Bart schmieren.*
Das Beste: *das Gelbe vom Ei.*
Übertreiben: *mit Kanonen auf Spatzen schießen; das Kind mit dem Bad ausschütten.*

Realistische Einschätzung der verfügbaren Mittel: *Der Sperling in der Hand ist besser als die Taube auf dem Dach. – Besser eine Laus im Kraut als gar kein Fleisch.*

Unwichtig: *Schnee von gestern.*

Zusammenarbeiten: *an einem Strang ziehen.*

Eine willkommene Wendung: *Wasser auf unsere Mühle.*

Von bildhaften Sprichwörtern, die eine allgemeine Erfahrung zum Ausdruck bringen, gehen zwölf auf ein Dutzend: *Die Suppe wird nicht so heiß gegessen wie gekocht. – Schwarze Kühe geben auch weiße Milch. – Wenn die Birne reif ist, fällt sie vom Baum. – Bricht ein Ring, so bricht die ganze Kette. – Mit dem Hut in der Hand kommt man durchs ganze Land.*

Als Beispiel für eine Redensart, die auf eine Autorität verweist, zitiere ich den Satz: *„Abwarten und Tee trinken!" hat meine Großmutter immer gesagt.*

Im Alltag macht jede bildhafte Redensart mit übertragener Bedeutung auf die Möglichkeit doppelsinniger Aussagen aufmerksam. Wie der Kuckuck fortwährend seinen Namen ruft, flüstern sie uns zu: Merk! Merk! Man kann auf den Sack schlagen und den Esel meinen. Das spielt beim Scherzenlernen eine Rolle.

Weder sind Scherz und Bild noch sind Bild und Komik siamesische Zwillinge. Man kann ohne Bild scherzen und kann bei sachlichen Mitteilungen Bilder zur genaueren Darstellung heranziehen.

Unter bestimmten Voraussetzungen hört sich der banalste Satz komisch an, etwa die Feststellung: „Paula, du hast heute noch nicht gejammert!" Das Mädchen jammert sonst wegen jeder Kleinigkeit. Der begrüßenswerte Fortschritt wird hier als Versäumnis eingestuft, als ob Paula mit ihrer Schwäche ein Gebot befolgt hätte.

6. Scherz und Spott

Der moralische Konflikt kann den Sprecher, seinen Partner oder beide betreffen.

Der Sprecher scherzt, wenn er ausgehend von seiner Überlegenheit in Bezug auf den aktuellen Sachverhalt dem Partner helfen möchte.

Die Hilfe könnte auch darin bestehen, dass er den Partner auf einen Fehler aufmerksam macht – fragt sich nur, ob der Partner die Hilfe in dieser Form akzeptiert. Das ist der springende Punkt. Die Grenze, die wir nicht überschreiten dürfen, wird vom Gemüt und von der Laune des Partners bestimmt. Manche Personen lassen sich gutmütigen Spott (das sogenannte *Frotzeln*) gefallen, andere nicht, wieder andere nur unter bestimmten Umständen. Eine Mitteilung, die unter gewissen Umständen noch als Scherz passiert, wird unter anderen als Spott empfunden. Dieselbe bildhafte Redensart, sagen wir *Wasch den Pelz und mach ihn mir nicht nass!* (oder auch: *Rupf der Krott ein Haar aus!*), wirkt bei gemütlicher Unterhaltung erheiternd, bei gespannter Atmosphäre dagegen wie Gift und Galle.

Beim Spotten nehme ich einen Misserfolg, eine mich störende Gewohnheit oder Äußerung zum Anlass, um mich von dem Misserfolg, von der Gewohnheit oder Äußerung zu distanzieren. Beim Scherzen versuche ich zu erreichen, dass der mir sympathische Gesprächspartner sich von einem Misserfolg, von einer Gewohnheit oder Äußerung distanziert, die für ihn nachteilig ist.

7. Die versteckte Information

Manche scherzhafte Mitteilung enthält eine Information, die aus der üblichen Bedeutung der Wörter nicht hervorgeht. Diese Erscheinung beschränkt sich nicht auf stehende Redensarten, wir beobachten sie auch an einmaligen Wortverbindungen. Eines wird gesagt, aber etwas anderes gemeint. Die versteckte Information ist beim Scherzen immer mit einer positiven emotionalen Botschaft verknüpft: Zuneigung, Solidarität, Ermutigung, Hilfsbereitschaft.

Erinnern wir uns an die von Generation zu Generation vererbte Empfehlung zum Vogelfangen: Man soll dem Vogel Salz auf den Schwanz streuen, dann geht es leicht. Den komischen Widerspruch erkennen wir gleich: Das Kunststück mit dem Salz ist erst möglich, wenn man den Vogel schon in der Hand hält. Was gibt uns dieser Scherz zu verstehen? Er führt zu der Einsicht, dass man zum Vogelfangen eine zünftige Ausrüstung braucht, wer keine besitzt, soll es aufgeben.

Noch ein Beispiel. „Ja, Liebste", sagt der junge Mann in der Telefonzelle, „ich werde den ersten Hubschrauber nehmen" – und meint den Stadtbus. Ein Hubschrauber bewegt sich schnell und in Luftlinie, der Stadtbus bewegt sich relativ langsam und auf Umwegen, dieser Gegensatz erzeugt den komischen Wiederspruch. Was der junge Mann mitinbegriffen hat, lässt sich folgendermaßen umschreiben: Ich würde gern so schnell an Ort und Stelle sein, wie du und ich es wünschen, aber das hängt ja nicht von mir ab.

8. Vorläufige Bilanz

Nun wissen wir schon eine Menge über den Scherz: Der Sprecher ist dem Partner freundlich gesinnt; der Scherz kann ein Hilfsangebot für den Partner in Notlage sein. – Der Sprecher bekundet Überlegenheit in Bezug auf den aktuellen Sachverhalt. – Er bringt einen neuen Standpunkt zum Ausdruck, der durch eine bildhafte Redensart anziehend gemacht wird. – Der Inhalt der Mitteilung stimmt mit ihrer wörtlichen Bedeutung nicht überein.

Leider haben wir unseren Fisch damit noch nicht gefangen. Um den Scherz genau zu definieren, müssen wir seine Verwandtschaft zum Witz, zur Anekdote, zur Scherzfrage und zum Spiel prüfen.

Uns interessiert, wie Kinder scherzen lernen – aber erst, nachdem die Beziehungen zum Witz usw. geklärt sind, können wir uns dem Hauptthema zuwenden.

II. Der Scherz und seine Verwandten

1. Scherz und Witz

Auch im Witz wird eine neue Ansicht verdeutlicht. Sie wird vom Witzhelden oder von dessen Partner ausgesprochen.

Der Proviantmeistert fragt einen Rekruten: „Also was willst du für eine Uniform? Eine zu kleine oder lieber eine zu große?"

Der Wirt zum Kellner: „Dort am Ecktisch schläft ein Gast schon seit Stunden. Wirf ihn doch raus!" – „Ich werde mich hüten! Jedes Mal, wenn ich ihn wecke, zahlt er seine Rechnung!"

Sie: „Nimm dir ein Beispiel an den Schmidts. Die streiten sich höchstens einmal im Monat." – Er: „Kann ich dafür, dass mir der Lohn wöchentlich ausgezahlt wird?"

„Wie geht es Ihnen heute?" fragt der Arzt den Patienten. – „Schlecht, Herr Doktor. Jetzt schmecken mir nicht einmal die Speisen mehr, die Sie mir verboten haben."

A: „Was tun Sie für den Umweltschutz?" – B: „Ich werfe meine Fahrkarte nie weg, sondern benütze sie mehrmals."

Eine schwangere Frau fragt ihren kleinen Sohn: „Möchtest du lieber ein Brüderchen oder ein Schwesterchen?" – „Ach, Mama, wenn es dir nicht zu schwer ist, dann hätte ich am liebsten ein Pony."

„Bernd", schreit die Mutter entsetzt, „in deiner Hosentasche steckt ein lebender Frosch!"
Der Kleine erschrickt. „Was? Sind die Mäuse und der Wurm nicht mehr drin?"

Unter Umständen können Witze eine Person in Notlage erheitern und zeitweilig von ihrem Kummer ablenken. Ob ein Witz Scherzqualität hat, hängt davon ab, ob sich eine erkennbare Ähnlichkeit zwischen der Notlage und den im Witz genannten Faktoren abzeichnet.

2. Scherz und Anekdote

In unserem Sprachgebrauch ist eine Anekdote die Wiedergabe eines denkwürdigen Vorfalls mit Persönlichkeiten. Oft bleibt, wenn wir die Namen ersetzen, ein Witz übrig.

Der Herzog von Orléans wollte Voltaire eine goldene Kette schenken und ließ ihn fragen, ob er vielleicht besondere Wünsche betreffend die Ausführung habe. Da sagte Voltaire: „Man soll die Kette eines Ziehbrunnens als Modell verwenden."

Eine Abordnung verlangte von Präsident Abraham Lincoln die Abberufung General Grants, weil er ein starker Trinker sei.
„Was trinkt er denn?" wollte der Präsident wissen.
„Whiskey, und zwar in großen Mengen", lautete die Antwort.
„Gut", meinte Lincoln, „wenn Sie mir angeben können, welche Marke sein Leibgetränk ist, werde ich jedem der anderen Generäle ein Fass davon verehren."

3. Scherz und Scherzfrage

Eine Scherzfrage stellt Scharfsinn und Sprachkönnen des Partners auf die Probe. Oft wird ein Sinn in den Vordergrund gerückt, der den Partner verwirrt. *„Wie viele Nägel sind mindestens in einem Schuh?"* (Fünf.) Gemeint sind Fußnägel, in der Unterhaltung tritt die Lösung als neue Ansicht auf, weil alle Welt an Schusternägel gedacht hat. Wie viele Schusternägel in einem Schuh sind, kann niemand auf Anhieb sagen, wie viele Fußnägel in einem Schuh sind, weiß auch ein Vorschulkind. Der Effekt wird dadurch erhöht, dass der Partner scharf nachdenkt und bald zugibt, die Antwort nicht zu wissen, dabei ist die Antwort kinderleicht.

Wann wird das Heu gemäht? (Nie. Gemäht wird das Gras.)
Welches Auge ist immer wach? (Das Hühnerauge.)
Welches Jahr dauert nur einen Tag? (Das Neujahr.)
Welchen Tag gibt es nur in Berlin? (Den Bundestag.)
Was ist, wenn der Rauchfangkehrer durch den Schnee geht? (Winter.)
Welcher Satz hat keine Wörter? (Der Kaffeesatz.)
Wie viele Eier konnte der Riese Goliath auf nüchternen Magen essen? (Eines, denn dann war er nicht mehr nüchtern.)
Wie schreibt man ‚Postbote' ohne o? (‚Briefträger'.)

Welche Zähne bekommt man zuletzt? (Die falschen Zähne.)
Was ist das Gefährliche an Scherzfragen? (Man kann sich beim Nachdenken den Kopf zerbrechen.)

In unserem Kontext gilt für die Scherzfrage dasselbe wie für den Witz: Sie kann dem Partner in Notlage Auftrieb geben, wenn sich eine Ähnlichkeit der Umstände abzeichnet.

4. Scherz und Spiel

Uns interessiert, wie ein Kind scherzen lernt.

Zunächst: Welche Verbindung besteht zwischen dem Scherz des Erwachsenen und dem Scherz des Kindes? Die Verbindung ist eine quasi allgegenwärtige Art des Spiels, welche im Spieltrieb wurzelt – das zwanglose Variieren von Bewegungen, Bewegungsfolgen, Handlungsabläufen, räumlichen und zeitlichen Kombinationen.

Der Begriff „Spiel" schließt eine Hin-und-her-Bewegung ein. Im Althochdeutschen diente das Wort als Bezeichnung für den Tanz, bei dem sich ja die Teilnehmer im Wesentlichen hin und her bewegen. Dieser Sinn hat sich im Sprachgebrauch bis heute erhalten. Heute bezeichnet man mit *Spiel* u.a. die Schlagfolge beim Tennis und den Maßunterschied von zwei zueinander gehörigen Maschinenteilen (z.B. Welle und Lager).

Im Mittelhochdeutschen waren die Wörter *Scherz* und *Spiel* synonym. Ihre identisch gebildeten Ableitungen v*erscherzen* und *verspielen* bestätigen es. Das Wort *Scherz* ist mit dem Wort *scheren* („sich wegbegeben") verwandt, und dessen althochdeutscher Vorläufer bedeutete „ausgelassen sein" bzw. „springen" oder „hüpfen". Ich möchte diesen Aspekt hervorheben. Die Sinnverwandtschaft von *Scherz* und *Spiel* hat sich zuerst wohl auf die physische Bewegung beschränkt. Heute bezeichnet *scherzen* eine geistige Bewegung, das Scherzen ist ein Hüpfen im übertragenen Sinn – man hüpft von einer Bedeutung, von einer Ansicht zur anderen.

Ein gutes Beispiel für das Hin- und Herwechseln ist der nachstehende Witz, dessen Helden das Verb *geben* mit jeweils anderer Bedeutung verwenden:

„Wo kommen Sie her?" – *„Aus dem Theater."* – *„Was haben Sie gegeben?"* – *„Fünf Mark."* – *„Ich meine: was für ein Stück?"* – *„Ein Fünf-Mark-Stück."* – *„Ich meine: was die Schauspieler gegeben haben?"* – *„Die Schauspieler? Die haben gar nichts gegeben, die sind gratis hineingegangen."*

III. Zwangloses Variieren – eine Art Spiel

1. Der Spieltrieb

Die Neigung zum Spielen gehört zum biologischen Erbe des Menschen. Sie äußert sich schon beim Säugling. Das Kleinkind spielt mit seiner Stimme (Lallen), mit seinem Körper (Strampeln und Kriechen) sowie mit einfachen Gegenständen; es folgt dabei dem Drang nach lustvoller Bewegung und erprobt Muskeln und Sinnesorgane. Im Hinblick auf das Einüben verschiedener Körperfunktionen heißt dieses Verhalten *Funktionsspiel*.

Der Erwachsene ist beim Spielen nicht auf Stimme, Körperteile und handliche Gegenstände des täglichen Bedarfs angewiesen, obwohl er auch diese nicht verschmäht. Dem Erwachsenen stehen ungeheuer mehr Möglichkeiten zur Verfügung.

Die Erwachsenen spielen den ganzen Tag, wobei sich das zwanglose Variieren häufig dem Regelspiel und dem Rollenspiel überlagert. Sie verändern beispielsweise der Abwechslung zuliebe die Reihenfolge der Übungen beim Morgenturnen. – Sie wählen beim täglichen Spaziergang jeweils andere Gassen des Viertels. – Sie probieren verschiedene Kleidermoden und kombinieren sie mit immer neuen Zusatz-Elementen (Accessoirs), wobei sich persönliche Schwächen bemerkbar machen: Martin hat es mit gestreiften Krawatten, Elisabeth mit spiralförmigen Armbändern. – Sie erneuern häufig das Blumen-Arrangement und stellen hin und wieder die Möbel um. – Sie weichen in verschiedene Richtungen von den klassischen Kochrezepten ab. – Sie summen, trällern, dudeln und pfeifen Melodien, die je nach Veranlagung lustig, traurig oder heroisch sind. – Beim Reden verwendet Artur gern Fremdwörter, Bettina Sprichwörter,

Christian Busch-Zitate, Dora bemüht sich um die Siebs-Lautung (eine Abweichung nach oben von der Umgangssprache). – Sie ändern die Eröffnungstaktik beim Schachspielen. – Schließlich sei das Ausdenken von Varianten zu den verschiedensten Plänen vom Urlaubsprojekt bis zum Romanentwurf genannt.

Wer immer kann diese Aufzählung leicht mit Beispielen aus der eigenen Erfahrung ergänzen. Die Zahl der Möglichkeiten ist unendlich. Man wandelt sowohl übernommene Modelle als auch selbst entwickelte ab. Je weniger Regeln man kennt, umso größer die Freiheit beim Variieren.

Dieses allgegenwärtige Spiel, das keinen Namen hat, unterscheidet sich durch die Zwanglosigkeit von der angestrengten Suche nach einem Ausweg in Notlagen und vom systematischen Prüfen der denkbaren Möglichkeiten in der wissenschaftlichen Forschung.

Bei Müdigkeit, Misserfolg, Schmerz, Furcht usw. lässt der Spieltrieb nach.

2. Ausnahme Theater

Hier öffne ich eine Klammer.

Man weiß, dass starke Eindrücke dem Menschen die Sprache verschlagen – er findet keine Worte. Dasselbe gilt für den Zustand der Erschöpfung. Nun ist es denkbar, dass der Mensch auf einer Zwischenstufe der Befangenheit bzw. der Müdigkeit zuerst die Fähigkeit zum bildhaften Sprechen, zum Verwenden von Stilfiguren verliert, weil das einen Denkaufwand, also Energie voraussetzt.

In der Kunst, und zwar auf der Bühne, kann es auch anders sein. Damit wird meine Vermutung nicht widerlegt. Der Wirkung zuliebe ist auf der Bühne manches anders als in der Wirklichkeit. Die Schauspieler sprechen in Versen oder treten zu einem Sprechchor zusammen oder singen. Also stellt auf der Bühne bildhaftes Sprechen in Notlage keine außergewöhnliche Abweichung von der Wirklichkeit dar. Als Beispiel sei eine Stelle aus Shakespeare zitiert.

Prinz Hamlet, der zuerst stumm ist vor Entsetzen, als der Geist seines Vaters auftaucht, fragt die Erscheinung (Hamlet; 1, 4):

> *"Nein, sag: Warum dein fromm Gebein verwahrt im Tode,*
> *Die Leinen hat gesprengt? Warum die Gruft,*
> *Worin wir ruhig eingeurnt dich sahen,*
> *Geöffnet ihre schweren Marmorkiefern,*
> *Dich wieder auszuwerfen?"*

Bildhaft sprechen auch Laertes und Hamlet vor ihrem Tod (Hamlet; V, 4) – Mark Anton, als er sich nach Cäsars Ermordung zu den Mördern begibt, um das Terrain zu sondieren, und noch völlig im Ungewissen ist über den Ausgang des Gesprächs (Julius Cäsar; III, 1) – Romeos Freund Mercutio, nachdem Tybault ihn zu Tode verwundet hat (Romeo und Julia; III, 1) – und Romeos Freund Benvolio, der unmittelbar nach den tragischen Kämpfen, noch in der größten Aufregung, vor Prinz und Gefolge den Hergang schildert.

3. Unterschiede beim Variieren

Wie sich der Spieltrieb des Kindes konkret äußert, hängt stark von der Familienatmosphäre ab. Wenn sich die Erwachsenen freundlich mit dem Nachwuchs unterhalten, wird die Spielfreude gefördert, durch Gleichgültigkeit wird sie gehemmt, durch kleinliche Strenge unterdrückt.

Das Kind dehnt das zwanglose Variieren auf jede neue Tätigkeit, auf jede neue Kombination aus. Dieses Verhalten hilft ihm, seine Umgebung zu erkennen. Sobald es die einfachsten Strukturen der Sprache erfasst hat, beginnt es auch seine Mitteilungen spielerisch abzuwandeln. Damit nähern wir uns der Kernfrage.

> *Nach dem Welterfolg des ersten Teils der „Don Camillo"-Verfilmung trat eines Tages bei den Dreharbeiten für die Fortsetzung ein kleines Mädchen auf Fernandel zu. Es trug eine Puppe im Arm und erbat seinen Segen.*
>
> *Der Schauspieler sagte ernsthaft: „Ich bin doch kein richtiger Priester, ich spiele die Rolle nur."*
>
> *„Weiß ich", sagte das Mädchen. „Ich will den Segen ja auch nur für meine Puppe haben."*

Zwischen der Art und Weise, wie das Kind Varianten probiert, und dem zwanglosen Variieren des Erwachsenen bestehen Unterschiede. Bevor wir uns wieder voll dem Scherz zuwenden, nehmen wir uns die Zeit, um diese Unterschiede zu betrachten.

Zunächst hat das Kind ein Zeitgefühl, aus dem der Faktor Effizienz noch fehlt. Sein Verhalten ist mit dem des Erwachsenen vergleichbar, der aus dem Alltagsprogramm und aus der sozialen Rangordnung herausgetreten ist, um eine Weile zu spielen.

Der zweite Unterschied wird durch die Erfahrung bedingt. Der Eingeweihte, der Gewitzte, der Fortgeschrittene, spielt anders als der Novize, der Anfänger, der Unerfahrene: Dieser bleibt beim zwanglosen Variieren im Bereich des Funktionalen, jener pendelt aus dem Bereich des Funktionalen hinaus.

Beobachten wir einmal, wie der Erwachsene und wie das Kind ihren Gang variieren.

Der Erwachsene spielt, indem er *nach der Schnur* geht, sich also an eine weithin gerade verlaufende Ritze in der Pflasterung hält und jeweils den rechten Fuß rechts, den linken Fuß links von der Ritze aufsetzt. Er spielt, indem er mit Hilfe des Musters in der Pflasterung peinlich auf die Länge seiner Schritte achtet. Er spielt, indem er mit dem rechten Fuß nach Möglichkeit auf einen runden oder hellen Stein tritt. Mit diesen Varianten muss sich der Erwachsene zufriedengeben, wenn er im Bereich des Funktionalen bleiben will.

Das Kind nimmt's nicht so genau. Beim Gehen *nach der Schnur* folgt es mitunter dem Rand des Gehsteigs, tritt aber jeweils mit dem einen Fuß auf den erhöhten Bordstein und mit dem anderen in den tiefer liegenden Rinnstein. Oder es setzt einen Fuß vor den anderen wie ein Seiltänzer, wobei es immer auf die Ritze tritt, oder es legt die Beine übereinander, wie man es beim Zöpfeflechten mit den Haarsträhnen macht, sodass jeweils der rechte Fuß links von der Ritze, der linke Fuß rechts von der Ritze aufsetzt. Damit sind die unsinnigen Varianten noch lange nicht erschöpft. Man kann auf den Zehenspitzen gehen, auf den Fersen, auch wie die Indianer (die, anders als wir, zuerst die Zehen aufsetzen und die Sohle zur Ferse hin abrollen), dann im Zwerggang, mit Riesenschritten, im Zickzack, im Paradeschritt, hüpfend, seitwärts und im Krebsgang.

Beim Abbiegen hat der Erwachsene wenig Spielraum – er beschreibt einen Bogen mit kürzerem oder längerem Radius. Das spielende Kind jedoch bewegt sich, als ob es den Umfang eines Fünfecks oder Vierecks abschreiten würde. Es ändert die Richtung brüsk wie in Formation marschierende Soldaten auf das entsprechende Kommando. Die andere Variante: Das Kind schießt über die gedachte Wendemarke hinaus und macht einen Umweg.

Das Herauspendeln aus dem Bereich des Funktionalen reicht bis zu dessen Verneinung. Das ist beim Gehen der Krebsgang. Man kann sich bäuchlings auf den Rodelschlitten legen (wenn er lang genug ist) und man kann sich mit dem Rücken zur Fahrtrichtung auf ihn setzen, aber man kann ihn auch nach hinten ziehen und kann ihn auf die Sitzfläche stellen, mit den Kufen nach oben. Probeweise halten kleine Kinder den Löffel am Schöpfteil und schieben den Brei mit dem Löffelstiel in den Mund, probeweise lesen Abc-Schützen die Wörter von hinten, probeweise werden Spiegelei mit Marmelade und Spinat mit Gurken kombiniert. Anschließend ein Beispiel aus der Belletristik. Unsere Freundin Alice, etwa acht Jahre alt (Lewis Carroll, Alice im Spiegelreich), macht ihrer Schwester eines Tages den Vorschlag, sie sollen Könige und Königinnen spielen, aber die gewissenhafte Schwester lehnt ab, weil sie nur zwei Personen sind, worauf Alice zuletzt meint, wenn die Schwester nur eine Person darstellen wolle, dann werde sie selbst die restlichen sein. Ein andermal teilt Alice ihrer alten Kinderfrau die Rolle eines saftigen Knochens zu, während sie selbst als hungrige Hyäne auftreten will. Mit diesen Vorschlägen pendelt Alice aus dem Bereich des Funktionalen hinaus. Eine Person kann nicht mehrere Rollen gleichzeitig übernehmen, und sie kann nur bedingt ein Tier, eine Pflanze oder etwas Lebloses darstellen – ein Knochen kommt nicht in Frage.

Nach einigen misslungenen Versuchen merkt das Kind, dass die von ihm gewählte Variante nicht funktional ist, und gibt sie auf. Weder bewegt es sich künftig im Krebsgang noch flicht es seine Schritte, wie man Haarsträhne flicht; es zieht den Schlitten nicht mehr nach hinten, es stellt ihn nicht mehr auf die Sitzfläche usw.

Auch der Erwachsene handelt hin und wieder, nämlich wenn er Neuland betritt, wie ein Anfänger und verlässt dann beim Variieren den

Bereich des Funktionalen. Zu hohe Absätze stören beim Gehen; zu viele Knöpfe an Hemd und Rock machen das Anziehen zu einer Geduldprobe; zu viele Gewürze verderben den Geschmack usw.

IV. Die Umkehrung als Variante

1. Das Versteckspiel

Je weiter wir ins frühe Kindesalter vordringen, umso deutlicher nähern sich die von den Kindern erfundenen oder praktizierten Varianten einem Grenzwert, und zwar der Umkehrung. Diese Variante bereitet dem noch ungeübten Verstand die geringsten Schwierigkeiten.

Das Vergnügen an der Umkehrung beginnt, bevor das Kind sprechen lernt. Es hat seinerseits eine Vorgeschichte.

Irgendwann im Alter von acht bis zehn Monaten merkt das Kleinkind erstmals, dass ein Gegenstand verschwunden ist, mit dem es gespielt hat, und sucht ihn hinter dem Kissen, unter der Decke, im Körbchen usw. Bis zu diesem Alter verschwindet ein Gegenstand, der aus dem Gesichtsfeld des Kindes entfernt wird, gleichzeitig aus seinem Bewusstsein. Der Schweizer Psychologe Jean Piaget wertet das Suchen als bedeutsamen Fortschritt: Es beweist, dass der betreffende Gegenstand als selbstständiger und dauerhafter Begriff in das System der Vorstellungen eingegangen ist.

Zunächst forscht das Kind an der Stelle, wo der Gegenstand aus seinem Gesichtsfeld getreten ist, und nur dort, auch wenn der Gegenstand inzwischen – etwa in der Faust des Erwachsenen verborgen – an eine andere Stelle gebracht wurde. Erst im Alter von 20 Monaten, also ein volles Jahr nach der ersten Such-Initiative, verfolgt das Kind die Hand des Erwachsenen, die den Gegenstand entfernt, und fahndet nicht dort, wo er sich zuletzt befunden.

Piaget hat diese Fortschritte ausführlich in der Studie „Der Aufbau der Wirklichkeit beim Kinde" (1937) beschrieben.

Viele Erwachsene probieren mit Interesse und unwahrscheinlicher Geduld immer wieder das banale Versteckspiel, ohne etwas von

Piagets subtilen Kommentaren zu ahnen. Überglücklich stellen sie eines Tages die neue Reaktion fest.

Sobald das Kind die Absicht begreift, macht ihm die Provokation des Erwachsenen großes Vergnügen. Der nächste Schritt besteht darin, dass es den Spieß umdreht und ... sich selbst versteckt. Ich glaube, dieses Spiel begründet die Vorliebe des Kindes für viele Arten Zeitvertreib, die sich auf die Formel *sein – nicht sein* reduzieren lassen und zwar:

- Eigentliche Versteckspiele. Ein Gegenstand wird beiseitegebracht, und die Spielgefährten lenken den Suchenden mit den Wörtern *eisig, kalt, lau, warm, heiß* bis in die Nähe des Verstecks, oder ein Kind „hält" (hält die Hände vor die Augen), bis die anderen sich an einen vermeintlich sicheren Platz zurückgezogen haben, und sucht sie dann.
- Geschicklichkeitsspiele wie „Rote Handschuhe" und „Blinde Kuh".
- Primitive Scherze. Ein Lauskerl klingelt an der Haustür und läuft dann um die Ecke, oder ganze Schulklassen tauschen am 1. April untereinander die Klassenzimmer.

Während das Vergnügen des Kindes am Verstecken jahrelang unvermindert anhält, lässt das Interesse des Erwachsenen bald stark nach, anscheinend geht ihm sogar das Verständnis dafür ab. Die Folge sind Zusammenstöße, die zuweilen dramatische Formen annehmen. Ich habe auch solche erlebt. Hier nur ein Beispiel.

Eines Tages kehrt die Mutter nach einer halbstündigen Besorgung in die Wohnung zurück und ruft nach der siebenjährigen Paula, aber es antwortet niemand. Sie schaut im Badezimmer, auf dem Balkon und in der Rumpelkammer nach – Paula ist nicht da. Wo könnte sie sein? Vor dem Haus spielt niemand, die Nachbarn sind nicht zu Hause. Daraufhin beginnt die Mutter erst recht zu suchen. Sie schaut in die Schränke, unter die Betten und in die Bettlade. Sie telefoniert mit Spielgefährtin Carmen, Tante Martha und Paulas Lehrerin. Niemand weiß etwas. Eine halbe Stunde lang schwebt die Mutter in fürchterlicher Ungewissheit. Nach einer halben Stunde – oder auch mehr – hört sie ein Glucksen hinter dem Vorhang, der den Wandschrank verdeckt, das Glucksen verwandelt sich in ein selbstzufriedenes, glückliches Lachen, und Paula, gesund und munter, tritt hervor. „Hab' ich dich drangekriegt?" Na so was! Steht das Kind die ganze Zeit über in Schrittnähe und schaut stillvergnügt zu, wie man sich ängstigt.

Zweiter Akt: Paula kriegt eine Abreibung, die sich gewaschen hat. Das Kind schreit und weint. Wozu ist das gut? Es ist gar nicht gut. Die Mutter hat vergessen, wie gern sie früher mit Paula Verstecken spielte. Aber im Umgang mit Kindern behält der Erwachsene immer Recht.

2. Debüt mit der Verneinung

Die Umkehrung in der Sprache ist die syntaktische Negation oder Verneinung. Das ist die einfachste spielerische Änderung einer Aussage, die ein Kind sicher schafft.

Mein kleiner Nachbar Radu war zweieinhalb Jahre alt, als er seine Mutter mit einer eigenwilligen Variante des kürzlich gelernten Weihnachtsmann-Gedichts überraschte. Er hatte jeden Satz mit einer Negation versehen und deklamierte mit glänzenden Augen: „Der Weihnachtsmann kommt nicht durch den Wald./ Er bringt keinen Sack mit Geschenken./ Wir erwarten ihn nicht am Fenster.[...]" Radu war damals noch zu klein, um für einzelne Textstellen Synonyme zu finden, sagen wir: Der Weihnachtsmann *fliegt/ tanzt/ springt/ schwimmt* durch den Wald; er belustigte sich vorläufig an der Verneinung.[29]

Das spielerische Verneinen markiert den Beginn des Variierens von gedachten Sachverhalten durch das Hinzufügen oder Weglassen einer Bedingung. Das Kind denkt sich zunächst die allereinfachste Variante aus – es stellt sich die entgegengesetzte Situation vor. (1) „Nimm den Umhang", rät die Mutter. „Es wird regnen." – „Und wenn es nicht regnet?" (2) „Die Fabriksirene zeigt den Schichtwechsel an", erklärt der Vater. „Was geschieht, wenn man sie nicht hört?"

Das Variieren von gedachten Sachverhalten reizt als Gedanken-Akrobatik. Dieses Vergnügen hat Spuren in der Folklore hinterlassen.

---

[29] Weihnachtsmann – rumänisch *Moş Crăciun* [lies: Mosch Kretschun]. In der Mythologie ursprünglich eine heidnische Gestalt.

Die Riesen sind im Vergleich zu den Menschen sehr groß. Was für Ausmaße könnten die Dinge im Riesenland haben? Wir erfahren das aus einem naiven Gedicht.

> *So geht es im Lande der Riesen:*
> *Da nähen die Schneider mit Spießen,*
> *da stricken die Mädchen mit Stangen,*
> *da füttert man Vögel mit Schlangen,*
> *da malen mit Besen die Maler,*
> *da macht man wie Kuchen die Taler,*
> *da schießt man die Mücken mit Pfeilen,*
> *da webt man die Leinwand mit Seilen. [...]*

Die Zwerge sind im Vergleich zu den Menschen sehr klein. Demnach dürfen im Zwergenland alle Dinge nur winzige Ausmaße haben. Wie es dort aussieht, erfahren wir aus einem anderen naiven Gedicht.

> *So ist es im Land der Zwerge:*
> *Ameisenhaufen sind die Berge,*
> *das Sandkorn ist ein Felsenstück,*
> *der Seidenfaden ist ein Strick,*
> *die Nadel ist eine Stange,*
> *das Würmlein ist eine Schlange.*
> *[...]*
> *Der dickste Mann ist dünn wie Haar,*
> *der Augenblick ist da ein Jahr.*

Weitere Beispiele für das Variieren von gedachten Sachverhalten sind die lustige Geschichte vom Bauern und seinem Knecht Jochen, der den Hafer nicht schneidet, und das lustige Lied „Wenn der Topf aber ein Loch hat, lieber Heinrich, lieber Heinrich".

3. Simple Varianten machen Spaß

Einfache Gegensätze sind: sprechen – schweigen, hell – dunkel, klein – groß, erlaubt – verboten, wahr – unwahr, möglich – unmöglich, logisch – unlogisch. Das Vergnügen des Kindes an derlei Umkehrungen ist die Ursache primitiver Scherze. Es stellt sich schlafend – es knipst das Licht aus, während der Vater in der Badewanne sitzt – es wiederholt verschmitzt lächelnd eine Handlung, die ihm soeben untersagt worden ist (am Haar zupfen oder eine Grimasse schneiden oder mit Wasser spritzen oder in die Pfütze treten) – es verschränkt die Finger über dem Kopf, sodass man ihm kein Hemd anziehen kann – es erzählt Lügengeschichten. Einige dieser Gegensätze behalten ihren Reiz für große Kinder und sogar für Erwachsene. Witze, Schwänke, Märchen, Gesellschaftsspiele und unsterbliche Filmkomödien beweisen es.

Denken wir an das Volksbuch von den Schildbürgern, die absichtlich närrisch handeln. Im selben Atemzug ist der beliebte Schwank „Seltsamer Spazierritt" von Johann Peter Hebel zu erwähnen, dessen Helden, Vater und Sohn, zuletzt ihrem Esel die Beine zusammenbinden und ihn an eine Stange gehängt nachhause tragen. Ein wirkungsvoller Gag von Stan Laurel und Oliver Hardy (bekannt als „Stan und Bran" oder „Dick und Doof") besteht darin, immer wieder mal das Verkehrte zu tun, ein zweiter – treuherzig die Handlung zu wiederholen, die sich als falsch erwiesen hat. Denken wir an die Lügenmärchen und an die Lügengeschichten des Barons Münchhausen. Beispiele für unerfüllbare Forderungen bieten die Märchen in großer Zahl. Der König stellt dem Dorfschulzen die Aufgabe, einen irdenen Topf zu flicken, worauf die kluge Tochter des Schulzen die Bedingung erfindet, der König möge den Topf erst wenden, weil man Flecken gewöhnlich auf der Kehrseite anbringt.

Und da gibt es ein Kinderbuch über einen Dreikäsehoch – „Wenn ich nicht mehr klein bin" von Éva Janikovszky (1965) –, dem die Erwachsenen das Leben sauer machen. Sie fordern Dinge, die kein Vergnügen bereiten, und verbieten, was ihm gefällt. Der kleine Junge glaubt, dass die Erwachsenen tun können, was ihnen beliebt. Wenn er nicht mehr klein ist, wird das für ihn auch möglich sein. In seinen Vorstellungen über das Erwachsenenalter kehrt er alles um:

Wenn ich groß bin,
setze ich mich nie auf einen Stuhl, sondern knie mich immer,
ich fasse jeden Zaun an, erst recht, wenn ich weiße Handschuhe anhabe,
in mein Zahnputzglas pflanze ich einen Dattelkern,
vor dem Mittagessen esse ich eine große Tafel Schokolade auf,
und ich fange Fliegen – natürlich nur, wenn ich es bis dahin gelernt habe.

Der Reiz des Buches liegt in den Umkehrungen: Ein Kind stellt sich vor, wie es als Erwachsener handeln wird, und schildert in der Folge einen Erwachsenen, der wie ein Kind handelt. Ferner im heimlichen Genuss der Missachtung von Geboten und Verboten, schließlich im Gefälle zwischen der Erfahrung des Lesers, der bereits Gründe für jene Gebote und Verbote kennt, und der naiven Ansicht des Helden, der sie als reine Schikane auffasst.

Ich kenne ein Gesellschaftsspiel, bei dem die Teilnehmer systematisch Unsinn produzieren, um sich zu belustigen, indem sie Bruchstücke von unabhängigen Mitteilungen bzw. Glieder von unabhängigen Sätzen durcheinanderwerfen. Die Spieler schreiben je ein Satzfragment auf ein Blatt Papier, falten dessen oberen Rand so weit, dass die Schrift verdeckt wird, und reichen das Blatt dem Nachbarn zur Rechten; im weiteren Verlauf des Spiels machen die Blätter die Runde. Jedes Satzfragment beantwortet eine Frage des Spielleiters, und zwar: „Wer?" – „Und wer noch?" – „Was tun sie?" – „Wo?" – „Wie?" – „Wie lange?" – „Weshalb?" usw. Zuletzt faltet man die Blätter auseinander und liest die solcherweise erdichteten Texte vor. Eine Blüte für viele: *Unsere Miezekatze und die alte Frau Meier spielen Fangen auf der Feuerleiter inkognito, wenn ich Geburtstag habe, bis eine Sternschnuppe fällt, weil ich zum Zahnarzt muss.* Das Spiel ist vom dritten Schuljahr an interessant. Den Spielern erscheint die Zusammenhanglosigkeit des Inhalts oder vielmehr die zufallsbedingte Kombination als komisch. Diese Komik wird durch Ungereimtheiten der Form verstärkt: Immer wieder sind die natürliche Wortfolge sowie das Gesetz der Übereinstimmung in der Zahl (Einzahl,

Mehrzahl) verletzt. Wir würden den Spielern Unrecht tun, wenn wir diesen zweiten Aspekt nicht vermerkten.

Warum quälen sich so viele Kinder mit den Definitionen der Satzglieder, mit dem Bestimmen von Satzgliedern bei der Satzanalyse? Weil es dem Lehrer nicht gelungen ist, die Verbindung zwischen ihrer Fertigkeit im Sätzebilden und der Schulgrammatik herzustellen, d.h. ihnen die innere Grammatik bewusst zu machen. Was zeigt das Spiel? Die Kinder unterscheiden praktisch eine Reihe von syntaktischen Funktionen (Subjekt, Prädikat, Akkusativobjekt, Lokalbestimmung, Temporalbestimmung, Modalbestimmung), ohne sich durch die Form beirren zu lassen, die vom Einzelwort bis zum vollständigen Nebensatz reicht. Die Antworten auf die Fragen des Spielleiters sind ja nichts anderes als Satzglieder, und man kann feststellen, dass diese Satzglieder alle im Deutschen möglichen Formen aufweisen: Wort, Wortreihe, Wortgruppe, verkürzter Nebensatz, vollständiger Nebensatz. Die Lehrer könnten von der inneren Grammatik und von der Spielfreude der Kinder ausgehen, um den Unterricht lebendiger zu gestalten, sie scheinen es bloß nicht zu wissen.

„Sagen Sie, stimmt es, dass der neue Koch schon wieder entlassen ist?" – „Ja, der Mann war angeblich nicht ganz normal." – „Was hat er denn getan?" – Ach, der hat beim Zwiebelschneiden immer gelacht ..."

„Meine Tochter erzählt mir gar nichts mehr", beklagt sich Frau Schmidt. „Es macht mich ganz krank." – „Und ich", gesteht die Nachbarin, „bin mit den Nerven fertig. Meine erzählt alles."

V. Sprachspiele in der Folklore

Unsere Sprache ist reich an Strukturen; einige sind stofflich-konkret, andere sind logisch-abstrakt. Sie bietet viele Möglichkeiten zum Spielen. Die Versuche haben eine Spur in der Folklore hinterlassen: lustige Sätze und Verse, die eine Generation an die nächste weitergab, Modelle, die das Gelingen des Vorhabens veranschaulichen und im Laufe von Jahrzehnten vervollkommnet worden sind.

(1) Wörter und Sätze stellen gewöhnlich eine regellose Folge von Selbstlauten und Mitlauten dar. Die Regellosigkeit reizt zum Variieren.

(1a) Es wird nur ein Selbstlaut bzw. ein Zwielaut verwendet. Gut bekannt ist folgender sangbarer Vierzeiler:

> *Drei Chinesen mit dem Kontrabass*
> *standen auf der Straße und erzählten sich was.*
> *Da kam die Polizei: Ja, was ist denn das?*
> *Drei Chinesen mit dem Kontrabass!*

Man spricht bzw. singt den Text erst mit A, dann mit E, I, O, U, Ö, Ü, EI und EU.

(1b) Es wird die Häufung eines Mitlauts versucht: *Fischers Fritze fischte frische Fische. Kecker Knabe, knacke Kurts Knackmandeln.* Andere Modelle beschränken sich auf eine Kombination von Wörtern mit demselben Anlaut: *Hans hört hinterm Holzhaufen hundert heisere Hasen husten. – Wir Wiener Wäscherweiber wollten weiße Wäsche waschen, wenn wir wüssten, wo warmes Wasser wäre.* Der Reiz des Modells wächst mit der Ausspracheschwierigkeit.

(1c) Die Wörter werden von hinten gesprochen oder gelesen, manchmal ergeben sie einen Sinn, zuweilen sogar denselben: *Esel, Schlaf, Regen, Anna, Uhu, neben, stets, Reittier, Reliefpfeiler.*

Im Wortschatz der deutschen Sprache gibt es etwa 50 Einzelwörter, die von hinten gelesen ebenso lauten wie von vorn gelesen. 50 ist verschwindend wenig im Vergleich mit dem Gesamtbestand von 500.000, aber den Anfänger ermutigt jeder Fund zu weiterem Suchen. Manche Mitbürger vertreiben sich die Zeit mit dem Zusammenbasteln ganzer Sätze, die von hinten gelesen denselben Sinn ergeben, wobei freilich die Logik der Aussage eine untergeordnete Rolle spielt: *Leg Raps ein, nie Spargel. – Ein Neger mit Gazelle zagt im Regen nie.*

(1d) Ein Wortteil wird als Reimwort verwendet. Das kleine Kind, das noch nicht gut sprechen kann, fühlt sich vom Gleichklang angezogen, weil seine Sprechwerkzeuge sich leicht auf das Reimwort einstellen. *Was essen die Studenten? Enten. – Was gibt es zum Reis? Eis. – Wer war in der Turnhalle? Alle.*

Diese innige Kenntnis von Wortgestalt und Sinngehalt, die beim Spielen erzielt wird, dient der Sicherheit im Sprachgebrauch. Später leistet sie beim Lösen von Silbenrätseln und Kreuzworträtseln gute Dienste.

(2) Reimversuche stellen die Verbindung zu einer neuen Gruppe von Spielen her, die Laute und Lautgruppen als Bedeutungsträger ausweisen. Der Sprachgebrauch macht uns Tag für Tag hundertfach auf diese Rolle der Laute und Lautgruppen aufmerksam. Kein Wunder, dass entsprechende Spiele entstanden sind.

Bei dem folgenden Buchstabenrätsel ist der Spielcharakter offenbar:

Mit a ein Glied von dir,
mit u ein treues Tier.
(Hand – Hund.)

Für Kinder im Grundschulalter wurden Buchstabenrätsel erdacht, die mit Hilfe von Papier und Bleistift zu lösen sind. Der Spieler soll beispielsweise, ausgehend von einem bestimmten Wort, über mehrere sinnvolle Zwischenformen zu einem anderen bestimmten Wort gelangen, indem er schrittweise je einen Buchstaben ersetzt: *BEIN – KEIN – KERN – KORN – KORB.*

Dem Buchstabenrätsel entspricht der Klangwitz, die nach Sigmund Freud einfachste Witztechnik *(vorleipzig* statt *vorläufig).* Anschließend eine Scherzfrage, die von der Technik her ebenfalls in diese Gruppe gehört:

„*Wie kommt die Ameise über den Fluss?*" *–* „*Ganz einfach: Sie wirft das A weg und fliegt.*"

In den Silbenrätseln wird das Spiel mit Lautgruppen fortgesetzt. Das Vergnügen an ihnen erwacht im Grundschulalter, es gibt Aufgaben für Anfänger und für Fortgeschrittene. Die einfachsten davon sind schriftlich zu lösen und werden dann in eine Zeichnung, etwa in eine *Rätselschnecke* oder in einen *Rätselbaum* eingebaut. Es gilt, Wörter mit bestimmter Länge zu finden, die eine Silbe gemeinsam haben, z.B.

FIEBER, KLEBER, RÄUBER, SAUBER (ein Auftakt zum Kreuzworträtsel). Andere Silbenrätsel stellen größere Ansprüche an Wortschatz und Scharfsinn:

> *Das Erste ist in jedem Haus,*
> *das Zweite legt der Fischer aus.*
> *Am Ganzen hängt das Erste dran.*
> *Wer ist es, der es raten kann?*
> *(Türangel.)*

> *Mein Erstes – nicht wenig,*
> *mein Zweites – nicht schwer;*
> *mein Ganzes gibt Hoffnung,*
> *doch trau dem nicht zu sehr.*
> *(Vielleicht.)*

Auch das Silbenrätsel hat Entsprechungen in der Scherzliteratur. Man neckt den Fotografen mit der Frage, ob er ein *Graf* sei; die Tippmamsell wird als *Gräfin* angesprochen – als *Daktylo-Gräfin*. Wenn in meiner Geburtsstadt Temeswar jemand mit großem Aufwand Reisevorbereitungen traf, fragte man augenzwinkernd: „Fahren Sie nach Wien?" Die Antwort lautete: „Ja, nach Utvin." Oder: „Fahren Sie nach Nizza?" – „Ja, nach Moșnița." (Lies: Moschnitza.) Es handelt sich um zwei nahegelegene Ortschaften am Bega-Fluss, unterhalb bzw. oberhalb von Temeswar.

Manchmal vergnügen sich Kinder damit, beim Sprechen an jede Silbe eine bestimmte Lautgruppe anzuhängen. Teenager schaffen sich auf diese Weise eine Geheimsprache – die *Vogelsprache*. Man kann auch ganze Wörter einfügen. Gewöhnlich entsteht Unsinn, aber das hängt vom Können des Spielers ab. Im glücklichen Fall entsteht ein Text wie das Gedicht „Kunterbunt":

> *Ich soll euch was erzählen?*
> *Gebt Acht, so fängt es an:*

> *Es war einmal ein schwarzer*
> *kurzer runder bunter Mann,*
> *der hatte schwarze kurze runde*
> *bunte Hosen an.*
> *Er war umgürtet mit einem schwarzen*
> *kurzen runden bunten Schwert*
> *und saß auf einem schwarzen*
> *kurzen runden bunten Pferd. [...]*

(3) Jede längere Mitteilung bedingt eine bestimmte Wortfolge, die innerhalb bestimmter Grenzen variiert werden kann; jenseits der Regel verliert der Satz den logischen Gehalt. Von einem Spiel mit der Satzgliederfolge war schon die Rede.

VI. Umkehrungsverse unter der Lupe

1. Das Spiel „Verkehrte Welt"

Das Vergnügen des Kindes am Unsinn durch sprachliche Mittel hat der Kinderbuchautor und Literaturforscher Kornej Iwanowitsch Tschukowski (1882-1969) unter die Lupe genommen. Ihm war die Verbreitung von Nonsens-Versen in der Kinderfolklore aufgefallen. Seine Feststellungen erschienen unter dem Titel „Sinnige Unsinnigkeiten" (1924) und wurden später in den Sammelband „Kinder von 2 bis 5" (erstmals 1928) aufgenommen.[30] Tschukowski hat für die von ihm untersuchte Erscheinung den Terminus *Umkehrungsverse* eingeführt, sie kommt aber auch in Prosatexten vor.

Die Unsinnigkeit wird meist dadurch erzielt, *dass die unbenehmbaren Funktionen eines Gegenstandes a einem Gegenstand b aufgenötigt werden, hingegen die Funktionen des Gegenstandes b dem Gegenstand a.* Der Forscher erwähnt u.a. eine Spaß-Absurdität aus der deutschen Folklore, die 1530 als Flugblatt in Nürnberg verbreitet war:

---

[30] Siehe die Ausgabe des Kinderbuchverlags Berlin 1968, 2. Aufl., S. 146-176.

Ein Dorf in einem Bauren saß,
der gerne Milch und Löffel aß
mit eime großen Wecke.
Vier Wägen spannt er für ein Pferd,
sein Küch stund mitten in dem Herd,
vier Häuser hat sein Ecke.
Sechs Ställ hätt er in einem Rind,
zwölf Weib hatt er mit einem Kind,
drasch auf Waiz seiner Tennen.
Vor seinem Hund hing ein bös' Haus,
viel Katzen fing sein starke Maus,
voll Mist lof sein Hennen.

Gedichte dieser Art, wie „Kuddelmuddel", „Verkehrte Welt" und „Schnützelputzhäusel", sind längst vom Volksgut zum Lesebuchgut geworden.

Die in der Kinderfolklore eingewurzelten Umkehrungsverse stellen das geglückte, sprachlich vollkommene Ergebnis eines Spiels dar, zu dem jedes normale Kind auf einer gewissen Stufe der geistigen Entwicklung Ansätze macht. Tschukowski betont: Dem Kind bereitet das Spiel mit den Umkehrungen nur dann Vergnügen, wenn ihm die wirkliche Wechselbeziehung der Dinge bewusst ist, das heißt, je weniger es an die von seiner Einbildungskraft geschaffene Illusion glaubt.

Wenn die Vorstellung vom Eis beim Kind unlöslich mit der Vorstellung von Kälte verbunden ist, wenn sich die Vorstellung von einer Erdbeere ebenso fest mit der vom Wald verbunden, der Begriff Fisch sich für immer an den Begriff Wasser geheftet hat: erst dann, nicht eher, beginnt das Kind mit diesen Begriffs-Koordinaten zu spielen.

Kaum hat es sich beispielsweise die sehr nützliche, sehr nötige Wahrheit zu eigen gemacht, dass etwas Heißes brennt, so nimmt es mit dem größten Vergnügen das scherzhafte englische Volkslied auf, wonach sich ein lächerlicher Mensch an einer kalten Brühe verbrannt habe.

Der Forscher sieht in diesem Sinnspiel die gelungene Vollendung einer Reihe von Anstrengungen, die das Kind zwecks Zuordnung seiner Vorstellungen vollbringt. Er nennt es den letzten Meilenstein auf einem *langen, schweren Weg: Hinter jedem „Umgekehrt" fühlt das Kind lebhaft ein „So wär's gut", jedes Abgehen von der Norm bestärkt das Kind just in der Norm, und es lernt seine sichere Orientierung in der Welt noch höher schätzen. Es geht gleichsam in ein Examen seiner geistigen Kräfte und besteht diese Prüfung unbedingt – was in ihm die Selbstachtung, die Zuversicht in den eigenen Verstand, deren es so sehr bedarf, um in dieser chaotischen Welt den Kopf nicht zu verlieren, beträchtlich erhöht: „Ich werde mich an einem kalten Brei nicht verbrennen"; „ich werde vor einer Schnecke nicht erschrecken"; „auf dem Meeresgrund werde ich nicht nach Erdbeeren suchen".*

2. Die Methode im „Unsinn"

Fände sich ein Gelehrter, mein Tschukowski, *der alle in der Weltfolklore lebendigen Gedichte dieses Genres systematisieren wollte, so würde sich herausstellen, dass es keinen Bereich in der Geistessphäre des Kindes (von zwei bis fünf Jahren) gibt, dem nicht ein besonderer, gleichsam eigens hierfür bestimmter Umkehrungsvers entspräche. Zur Veranschaulichung ordnete er die Verse aus einigen russischen und englischen Volksliedchen, die ihm als Beispiele dienten, in mehrere Sparten:*

<u>Umkehrung von Groß und Klein</u>
Dem Kleinen werden Eigenschaften des Großen zugeschrieben:
1. *Das Mücklein, das von der Eiche abgestürzt ist.*
2. *Die Fliege, deren Ertrinken als eine Weltkatastrophe beschrieben ist.*

<u>Umkehrung von Warm und Kalt</u>
1. *Dem Kalten werden Eigenschaften des Heißen zugeschrieben: Ein Mensch verbrennt sich an einer kalten Brühe.*
2. *Dem Heißen werden Eigenschaften des Kalten zugeschrieben: Im glutheißen Sommer laufen Kinder Schlittschuh auf dem Eis.*

<u>Umkehrung im Nahrungsbereich</u>
Die Essbarkeit ungenießbarer Dinge: Er hat Bastschuhe getrunken und gegessen, überhaupt Schuhe geschluckt.

Umkehrung der Kleidung
1. Der Gürtel hat einen Mann um.
2. Die Axt hat einen Mann im Gürtel.

Umkehrung der Naturerscheinungen
1. Das Meer brennt.
2. Das Schiff fährt auf dem Feld.
3. Der Fisch wächst im Wald.
4. Die Erdbeere wächst im Meer.

Umkehrung von Reiter und Pferd
1. Das Pferd galoppiert auf dem Reiter.
2. Der Reiter galoppiert nicht auf einem Pferd, sondern auf einem Hammel, einer Kuh, einem Stier usw.

Umkehrung körperlicher Gebrechen
1. Die Blinden sehen.
2. Die Stummen schreien.
3. Die Armlosen stehlen.
4. Die Beinlosen laufen.
5. Die Tauben horchen.

Umkehrung handelnder Personen
1. Die Ecke bellt um den Hund herum.
2. Der Mann schlägt den Stock mit dem Hund.
3. Das Dorf fährt an dem Mann vorüber.

Also herrscht, wie wir sehen, in allen diesen Wirrnissen eigentlich die ideale Ordnung. Dieser „Unsinn" hat Methode.

3. Überlegungen zur Komik

Bei dem Spiel mit den Umkehrungen ist es dem Kind laut Tschukowski nicht um das Komische zu tun, weil dessen Hauptzweck, wie der eines jeden Spiels, in der Anspannung neuerworbener Kräfte, in der eigenartigen Prüfung neuer Kenntnisse besteht. Trotzdem führt dieses Spiel das Kind so dicht wie kein anderes an die Urgrundlagen des Humors heran. *Und es ist keine geringe Aufgabe, dem Kind Humor anzuerziehen: eine kostbare Eigenschaft, die, wenn das Kind groß wird, seinen Widerstand gegen jedes unerquickliche Milieu steigern und es über Kleinlichkeiten und Widrigkeiten erheben wird.*

Das Vergnügen des Kindes an den Umkehrungen gründet sich zum Teil auf das Gefühl, den Dummköpfen überlegen zu sein, die in Gedichten, Liedern und Märchen auftreten und auf Schritt und Tritt statt einer logisch notwendigen Handlung die entgegengesetzte ausführen. Tschukowski erwähnt die Gothamer Schlauköpfe und die Schildbürger. Ich erlaube mir, einige schwankartige Märchen aus der Sammlung der Brüder Grimm aufzuzählen, deren Helden sich ähnlich benehmen: „Der gescheite Hans" (KHM 32) – „Die kluge Else" (KHM 34) – „Der Frieder und das Katherlieschen" (KHM 59) – „Hans im Glück" (KHM 83). Auch die Geschichte von dem Bauern, der für einen Tag mit der Bäuerin die Arbeit tauschte, stelle ich dazu.

Sigmund Freud geht in einem Abschnitt der Abhandlung „Der Witz und seine Beziehung zum Unbewussten" nebenbei auf das Verhältnis des Kindes zum Komischen ein. Freud spricht dem Kind das Gefühl für Komik ab, dieses Gefühl werde erst aufgrund der Möglichkeit des Vergleichs mit der eigenen Kindheit erworben. *Wenn z.B. jemand auf der Straße ausgleitet und hinfällt",* schreibt Freud, *„so lachen wir, weil dieser Eindruck – unbekannt warum – komisch ist. Das Kind lacht im gleichen Falle aus Überlegenheitsgefühl oder Schadenfreude: Du bist gefallen und ich nicht.*[31] Hinsichtlich des Gefühls der Überlegenheit als Grund für die kindliche Lust stimmt Freud mit Tschukowski überein.

Dank Tschukowskis Ausführungen können wir verstehen, warum Kinder über banale Regelwidrigkeiten lachen, z.B. über die falsche Aussprache eines Wortes, über ein Stolpern, über die belanglose Verwechslung der weißen Kreide mit einer farbigen, lauter Verstöße, an denen nichts weiter ist, keine Anspielung, keine Doppeldeutigkeit, sie stellen einfach ein unbeabsichtigtes, zufälliges, primitives Abweichen von der Regel, vom geraden Weg, vom Üblichen dar, für den erwachsenen Zuhörer bzw. Zuschauer ein unerheblicher Vorfall, der ihm auch nicht das geringste Lächeln entlockt. Die Kinder aber lachen.

---

[31] SIGMUND FREUD: Der Witz und seine Beziehung zum Unbewussten. S. 183.

Für das Kind stellt nämlich die falsche Aussprache eines Wortes oder ein Versprecher, etwa die Vertauschung von Lauten *(Dreckfühler* statt *Druckfehler,* oder *Beh ins Gett!* statt *Geh ins Bett!)* keinen geringen, unerheblichen Fehler dar. Der Erwachsene hat den Sprechvorgang weitgehend automatisiert und beachtet infolgedessen unwesentliche Abweichungen nicht. Das Kind befindet sich in einer ganz anderen Lage. Jahrelang wurde ihm das korrekte Sprechen als wichtiges Ziel gesetzt, das Erlernen der Sprache war ein Hauptanliegen seiner geistigen Tätigkeit. Nachdem es sich nun mit viel Mühe die richtige Aussprache, die richtigen Beugungsformen, die richtige Satzgliedfolge sicher angeeignet hat, registriert es natürlich Fehler mit anderen Maßstäben. Das gilt in gleicher Weise für die Reihenfolge beim An- und Ausziehen, beim Tischdecken, bei anderen alltäglichen Verrichtungen.

Versprecher sind eine alltägliche Erscheinung, aber für ein Kind, wenn es sie wahrnimmt, schon im Falle von Gleichaltrigen komisch, und im Falle von Erwachsenen ungeheuer komisch.

Das naive Selbstbewusstsein des Kindes erklärt sein Vergnügen an dem Schwank, der uns berichtet, wie die Schildbürger einen neuen Schultheißen wählten. Bekanntlich sollte Schultheiß werden, wer den gelungensten Reim vorbringt.

Der eine Kandidat sagt:

> *„Ich bin ein rechtgeschaffner Bauer*
> *und lehne meinen Spieß an die Wand."*

Der andere Kandidat sagt:

> *„Ich heiße Meister Hildebrand*
> *und lehne meinen Spieß wohl an die Mauer."*

So geht es fort, bis der Sauhirt mit vier unmöglichen Versen den Sieg davonträgt.

VII. Kunststücke mit Sprache und Logik

1. Die Stilfiguren des Nonsens

Die vollständige Umkehrung vom Typus

> *Der Fisch kräht auf dem Dache,*
> *der Hahn, der schwimmt im Bache*

ist in der Nonsens-Literatur nur eine Stilfigur neben anderen, die im selben Text auftreten können. Nachstehend ein Zweizeiler mit einer vollständigen und einer unvollständigen Umkehrung:

> *Der Hund miaut, die Katze bellt,*
> *der Apfel von dem Kirschbaum fällt.*

Hier ein Vierzeiler, der außer Umkehrungen noch einen Verstoß gegen die Logik enthält, eine Art Pleonasmus:

> *Die Donau ist ins Wasser gefallen,*
> *der Rheinstrom ist verbrannt,*
> *da ist der Wiener Stefflturm*
> *mit Stroh zum Löschen gerannt.*

Tschukowski gibt Beispiele für eine weitere Stilfigur, die ein „freies Spiel mit Absurditäten" veranschaulicht (ohne sich weiter mit ihr zu beschäftigen): *Ich habe Hanf gesät, und es sind Krebse gewachsen und Raben aufgeblüht. [...] Das Schüreisen fing zu gackern an, der Besen schminkte sich. [...]*

Wir finden dieselbe Stilfigur in einem Text der Sammlung „Des Knaben Wunderhorn" und im „Märchen vom Schlauraffenland" der Brüder Grimm (KHM 158). Hier das Gedichtlein aus dem „Wunderhorn":

> *Ich saß auf einem Birnenbaum,*
> *wollt' gelbe Rüben graben,*

> da kam derselbe Bauersmann,
> dem diese Zwiebeln waren! [...]

Ein entsprechender Text der rumänischen Kinderfolklore lautet:

> Mă suii-ntr-un cireș,
> mă prinsă ăl cu dudu,
> zise că ce caut in vișin,
> să-i mănânc prunele? [...]
> [Ich bin auf einen Kirschbaum gestiegen,
> da fing mich der Kerl, dem der Maulbeerbaum gehörte,
> und fragte, was ich im Weichselbaum suche,
> um seine Pflaumen zu essen?]

Bei dem folgenden Scherzgedicht wird die Aussage im selben Atemzug, ja sogar im selben Satz, durch Wörter mit entgegengesetzter Bedeutung annulliert:

> Dunkel war's, der Mond schien helle,
> Schnee lag auf der grünen Flur,
> als ein Wagen blitzesschnelle
> langsam um die Ecke fuhr.
> Drinnen saßen stehend Leute
> schweigend ins Gespräch vertieft,
> als ein totgeschoss'ner Hase
> auf der Sandbank Schlittschuh lief. [...]

Dasselbe Verfahren kommt auch in der Phraseologie vor: *Nur keine Bange, es wird schon schief gehen. – Er ist ein braver Bub: Er hat noch keinen Mühlstein weggetragen und noch kein glühendes Eisen gestohlen.*

Schließlich gibt es eine Stilfigur, die einen Widerspruch vortäuscht:

Man kann es kaum glauben, und doch ist es möglich,
dass ein Geiger ein eintöniges Leben führt,
dass ein Starkstromingenieur energielos ist,
dass ein Tiefbaumeister ein hohes Ziel vor Augen hat,
dass jemand im Handumdrehen den Fuß bricht,
dass eine Schneiderin keine Sticheleien vertragen kann,
dass ein Sänger eine Stimme abgibt,
dass sich eine Dame ermannt,
dass eine Friseuse niemandem ein Härchen krümmt,
dass ein Turmwächter einen beschränkten Horizont hat,
dass eine Rabenmutter Hühneraugen hat,
dass man im Harz Pech hat,
dass man jemandem Eis warm empfiehlt,
dass ein Stehkragen sitzt,
dass eine Standuhr geht,
dass ein Taucher ein oberflächlicher Mensch ist,
dass sich drei Freunde entzweien,
dass man einen Betrunkenen nicht für voll ansieht,
dass man mit einem Rundschreiben aneckt,
dass ein Onkel seine Nichte unverwandt ansieht,
dass sich jemand gerade bückt,
dass ein Fuchs sich mopst,
dass ein Mops sich fuchst,
dass ein Rohkostler vor Wut kocht,
dass sich zwei Kahlköpfe in den Haaren liegen.

Jeder Satz enthält Wörter bzw. Wortgruppen mit übertragener Bedeutung, deren Grundbedeutung anderen Wörtern widerspricht.

2. Sicherheit beim Variieren

Wenn wir die Sicherheit des Spielers zum Kriterium nehmen, können wir bei den Umkehrungen nunmehr zwei Etappen unterscheiden.

Wir haben den Fall des Anfängers, der beim Variieren unbewusst, ohne der Folgen gewärtig zu sein, aus dem Bereich des Funktionalen hinauspendelt, und zwar so weit, dass man von einer Verneinung des Grundzustands bzw. der Grundhandlung sprechen kann. Das Kind handelt wie ein Anfänger, wenn es den Löffel probeweise beim Schöpfteil hält, die Mütze probeweise verkehrt aufsetzt, den Schlitten probeweise auf die Sitzfläche stellt, die Wörter probeweise von hinten liest. Die Umkehrung als nicht beabsichtigte nicht-funktionale Variante ist ein Moment im nie abreißenden Prozess des Lernens.

Die bewusste, beabsichtigte Umkehrung wurde bereits als Bekundung der Sicherheit, als Beweis des gesicherten Wissens beschrieben. Das Kind setzt die Mütze verkehrt auf, mit dem Futter nach oben, um Heiterkeit zu erregen. Oder es platziert die Mütze auf einem Stock und hält sie über den Kopf, allerdings nur für Minütchen. Diese Kategorie von Umkehrungen ist das Mittel Nr. 1 zum Erzeugen von Komik und ein Hauptelement der Scherze.

Kinder empfinden selbst die banalsten Umkehrungen als komisch, das gilt uneingeschränkt auch für sprachliche Äußerungen (die uns besonders interessieren). Der Erwachsene gebraucht Redensarten, die Verkehrtheiten festhalten *(das Pferd beim Schwanz aufzäumen, Perlen vor die Säue werfen, mit dem Fingerhut das Meer ausschöpfen wollen, mit Kanonen auf Spatzen schießen, in der Kirche pfeifen, sich benehmen wie ein Elefant im Porzellanladen),* aber zur Erheiterung reicht ihm die einfache Umkehrung nicht.

VIII. Schluss

Jedes Kind lernt in der Familie, in der Nachbarschaft, im Kindergarten und in der Schule Spiele kennen, die ein Variieren beinhalten oder zulassen. Man kann die oben genannten Spiele durch Mühle, Schach, Rommee und andere ergänzen. Auf diese Weise erwirbt das Kind im Laufe der Jahre die Fähigkeit, in Problemsituationen einen anderen Standpunkt als den üblichen oder den empfohlenen einzunehmen, was ihm in Notlagen nützlich sein kann.

Damit liegt ihm ein Scherz auf der Zunge, aber die Sprache dient nur als Mittel zum Zweck. Der Anstoß zum Scherzen kommt – potenziell – von zwei Eigenschaften, die ebenso wenig angeboren sind, sondern sich unter günstigen Umständen allmählich entwickeln: zum einen vom Humor, der es uns erlaubt, Widerwärtigkeiten und Missgeschicken mit Gelassenheit zu begegnen, zum anderen vom Mitgefühl.

Abenteuer mit dem Vogel Federlos

Ab wann Rätsel Kinder ansprechen/ Splitter aus der Philosophie unserer Ahnen

1. Rätselfragen bei der Hochzeit

Als meine Urguckahndl noch ledig war (schon versprochen, aber noch ledig), spielten die Rätsel auf Hochzeiten eine Rolle. Bei den Westfalen dienten sie der Unterhaltung. Der vom Brautvater verpflichtete Spaßmacher erheiterte die Gäste mit Rätseln, Schwänken und Possen. Eine Rätselfrage lautete, wann der Hase über die meisten Löcher laufe.[32] In anderen Ländern kam noch etwas hinzu. Im Rheinland wurde der Bräutigam auf dem Weg zum Haus der Braut, wo sich die Hochzeitsgesellschaft versammelt hatte, durch eine Kette aufgehalten. Er musste drei Rätsel lösen, die ihm jemand vom Haus aus zurief, oder bestimmte Reime sprechen.[33] Im Riesengebirge stellte die Brautjungfer dem Bräutigam und dem Hochzeitsbitter Rätselfragen; der Bräutigam erhielt seinen Kranz erst, sobald er einige beantwortet hatte.[34] Im Westen Rumäniens, im Bihor-Gebiet, teilte sich die Hochzeitsgesellschaft in zwei Gruppen: das „Heer" *(oaste)* des Bräutigams und das „Heer" der Braut. Sobald der Bräutigam die Braut aus dem Haus ihrer Eltern abholte, sangen sie wechselseitig ein Lied. Das „Heer" der Braut stellte Rätselfragen. Die dazu passenden Antworten sollten die geistige Reife und das umfassende Wissen des Bräutigams veranschaulichen.[35]

---

[32] KARL IMMERMANN: Münchhausen. S. 495-496. (Dritter Teil, Siebentes Kapitel.) Die Lösung ist nicht vermerkt.
[33] ADAM WREDE: Rheinische Volkskunde. S. 175-176.
[34] EUGEN FEHRLE: Deutsche Hochzeitsbräuche. S. 57-58.
[35] OVIDIU BÎRLEA: Întroducere. In: Ders. (Hg.): Antologie de proză epică populară. [Anthologie epischer Volksprosa.] Bd. 1, S. 11-110, hier S. 59-60.

In Welschtirol waren keine Rätselfragen üblich, doch wenn sich der Hochzeitszug mit den Neuvermählten der Wohnung des Bräutigams näherte, verschloss dessen Mutter die Haustür und führte von innen her ein Gespräch mit der Braut, die darlegen musste, mit welchem Recht und mit welchen guten Eigenschaften sie ins Haus treten will.[36] In jenem Westfalen, von dem schon die Rede war, musste das Brautpaar, sobald es nach der Trauung im Haus des Bräutigams angekommen war, den Gästen zeigen, dass es zu arbeiten verstand. Die junge Frau ergriff einen Besen und kehrte damit, sie schürte das Feuer, zog Wasser aus dem Brunnen und grub im Garten. Der Bräutigam säte und behaute einen Klotz.[37] In der Pause zwischen Mahl und Tanz besuchte das junge Ehepaar samt seinen Gästen die Nachbarn, mitunter fünf oder sechs Höfe, wodurch die Aufnahme in die Dorfgemeinschaft vollzogen wurde. In jedem der besuchten Höfe mussten die jungen Eheleute eine Arbeit verrichten.[38] In der Ukraine musste die Braut vor den Schwiegereltern ihre Geschicklichkeit als Hausfrau beweisen. Die häufigsten Prüfungsarbeiten waren Stubenkehren und Kochen, seltener Spinnen und Melken.[39]

Diese über ein ausgedehntes Gebiet verstreuten Bräuche lassen vermuten, dass es vormals die Regel war, Bräutigam und Braut auf ihre Tauglichkeit zur Führung eines Haushalts zu prüfen.

2. Was die Bauerntochter weiß

Eine völlig andere Funktion eignet den Rätseln in den Märchen von der klugen Bauerntochter (Aarne-Thompson Nr. 875). In unserem Fall beginnt die Handlung damit, dass zwei Nachbarn oder zwei Brüder in Streit geraten, der eine ist arm, der andere ist reich. Sie wenden sich an den Gutsherrn, der auch das Richteramt ausübt, doch jener ist zu bequem, um

---

[36] CHRISTIAN SCHNELLER: Märchen und Sagen aus Wälschtirol. S. 241-242.
[37] PAUL SARTORI: Westfälische Volkskunde. S. 94.
[38] Ebd., S. 97.
[39] BOHDAN GEORG MYKYTIUK: Die ukrainischen Andreasbräuche und verwandtes Brauchtum. S. 88.

den Fall zu prüfen, stattdessen gibt er den Kontrahenten drei Rätsel auf – wer die richtig löst, soll Recht behalten.

Diese Rätsel unterscheiden sich auffällig von den uns bekannten, die zwei oder mehr Eigenschaften des zu ratenden Begriffs nennen oder andeuten. Denn sie nennen nur eine einzige. Zum Beispiel: Was ist das Schönste in der Welt? Was ist das Reichste in der Welt? Was ist das Schnellste in der Welt? Was ist das Schwerste in der Welt? Was hört man am weitesten? Was ist süßer als süß? Was ist bitterer als bitter? Die Antworten auf diese Fragen werfen ein Licht auf die Philosophie unserer Ahnen – im Kontext der Märchen von der klugen Bauerntochter auf die Philosophie der armen Leute. Von Fall zu Fall kommt ihre Sicht der Dinge auch in einer angefügten Erklärung zum Ausdruck.

Der reiche Nachbar bzw. reiche Bruder wird durch seine voreiligen Antworten nicht nur als eingebildeter Protz gebrandmarkt, sondern auch aus der Kulturgemeinschaft der Bauern ausgestoßen. Bei der Frage, was das Schnellste in der Welt sei, denkt der reiche Bauer an seinen Jagdhund oder an sein Ross, die richtige Antwort aber lautet: das Auge bzw. der Gedanke. „Denn während wir hier sind", heißt es in einem griechischen Märchen, „kann unser Geist in Amerika sein."[40] – Bei der Frage, was das Süßeste auf der Welt sei, denkt der reiche Bauer an den Honig seiner Bienen, die richtige Antwort aber lautet: der Schlaf. „Am süßesten ist der Schlaf, denn wenn der Mensch auch noch so bedrückt und erschöpft ist, sobald er schläft, weiß er von nichts, und manchmal freut er sich im Schlaf." (Die Kluge vom Gebirge[41], tschechisch.) „Am süßesten in der Welt ist der Schlaf, denn er lässt die Menschen jeglichen Kummer vergessen." (Die kluge Tochter[42], belorussisch.) – Bei der Frage, was das Fetteste auf der Welt sei, denkt der reiche Bauer an die Speckschwarte von seinem Schwein. Die richtige Antwort aber lautet: der Boden. „Denn

---

[40] Was ist das Schnellste auf der Welt? In: GEORGIOS A. MEGAS (Hg.): Griechische Volksmärchen. S. 138-143.
[41] Die Kluge vom Gebirge. In: OLDŘICH SIROVÁTKA (Hg.): Tschechische Volksmärchen. S. 203-209.
[42] Die kluge Tochter. In: DIE RÄUBERNACHTIGALL. S. 120-125.

er schenkt uns alles, was wir brauchen und lieben." (Die kluge Tochter des Armen[43], rumänisch aus der Moldau.)

Der arme Bauer hört die richtigen Antworten von seiner Tochter. **Was ist so jäh wie nichts auf der Welt?** „Des Menschen Sinn." (Die Kluge[44], tschechisch.)

Was hört man am weitesten? „Den Donner und die Lüge." (Die kluge Bauerntochter[45], serbokroatisch.)

Was ist das Schwerste auf der Welt? „Das Feuer, weil wir es nicht aufheben können." (Was ist das Schnellste auf der Welt?[46], griechisch.)

Was ist das Ärmste auf der Welt? „Das Feuer, denn es macht nichts aus, wie groß es ist, es wird verglimmen und lässt nur Asche zurück." (Die sommersprossige Häuslerstochter mit den gestutzten Haaren[47], schottisch.)

Was ist das Notwendigste auf der Welt? „Die Erde, denn wo sollten wir stehen, wenn es keine Erde gäbe?" (Was ist das Schnellste auf der Welt?[48], griechisch.)

---

[43] Die kluge Tochter des Armen. [Fata săraculului cea isteață.] In: PETRE ISPIRESCU: Legende sau basmele românilor. S. 161-169.

[44] Die Kluge. In: JIŘI HORÁK: Tschechische Volksmärchen. S. 27-32.

[45] Die kluge Bauerstochter. LEANDER PETZOLDT (Hg.): Balkan-Märchen. S. 113-116.

[46] Was ist das Schnellste auf der Welt? In: GEORGIOS A. MEGAS (Hg.): Griechische Volksmärchen. S. 138-143.

[47] Die sommersprossige Häuslerstochter mit den gestutzten Haaren. In: CHRISTIANE AGRICOLA (Hg.): Schottische Volksmärchen. S. 330-335.

[48] Was ist das Schnellste auf der Welt? In: GEORGIOS A. MEGAS (Hg.): Griechische Volksmärchen. S. 138-143.

Wie alt ist die Sonne? „Die Sonne wird niemals älter als einen Tag: Am Abend geht sie unter, und wenn sie am nächsten Tag wieder steigt, dann ist ja der nächste Tag." (Die kluge Bauerntochter[49], estnisch.)

Was kennt kein Mensch? „Den Weg, den die Vögel nehmen, kennt niemand." (Das Märchen vom zauberklugen Mädchen und vom Kaisersohn[50], rumänisch aus der Walachei.)

Welches ist der schönste Klang? „Der Glockenklang." (Der Burghüter und seine kluge Tochter[51], deutsch aus Siebenbürgen.)

Was ist das Reichste auf der Welt? „Das Reichste auf der Welt ist das Meer, denn du kannst Tag und Nacht Wasser daraus schöpfen, aber das Meer wird so voll bleiben wie je." (Die sommersprossige Häuslerstochter mit den gestutzten Haaren[52], schottisch.) – „Das Reichste ist der Segen Gottes: Wenn man im Frühling mit den Ochsen den Samen aufs Feld fährt und im Herbst fuderweis kann einführen, womit Mensch und Vieh leben muss." (Über die Weiberlist steht nichts auf[53], deutsch aus Kärnten.)

Was ist am weichsten auf der Welt? „Die Faust, weil man sie unter den Kopf schiebt, wenn man sich zum Ausruhen hinlegt." (Das blitzgescheite Mädchen[54], rumänisch aus Siebenbürgen.) – „Die Faust,

---

[49] Die kluge Bauerntochter. In: RICHARD VIIDALEPP (Hg.): Estnische Volksmärchen. S. 423-426.

[50] Das Märchen vom zauberklugen Mädchen und vom Kaisersohn. [Basmul fetei năzdrăvane cu feciorul de împărat.] In: B. P. HAȘDEU: Literatură populară. S. 275-277.

[51] Der Burghüter und seine kluge Tochter. In: JOSEF HALTRICH: Sächsische Märchen aus Siebenbürgen. S. 229-234.

[52] Die sommersprossige Häuslerstochter mit den gestutzten Haaren. In: CHRISTIANE AGRICOLA (Hg.): Schottische Volksmärchen. S. 330-335.

[53] Über die Weiberlist steht nichts auf. In: PAUL ZAUNERT (Hg.): Deutsche Märchen aus dem Donaulande. S. 157-163

[54] Das blitzgescheite Mädchen. [Isteata si pace.] In: ION POP RETEGANUL: Povești ardelenești. [Siebenbürgische Erzählungen.] S. 160-163.

denn wenn man sich auf ein Kissen legt, schiebt man trotzdem die Faust unter den Kopf." (Das kluge Mädchen[55], ukrainisch.)

Was ist süßer als süß? „Die Kinder sind am süßesten." (Das kluge Mädchen[56], usbekisch.)

Was ist bitterer als bitter? „Der Tod ist am bittersten." (Das kluge Mädchen, usbekisch.)

Eine Frage aus dem schottischen Märchen von der sommersprossigen Häuslerstochter fällt aus dem Rahmen. Es ist die Frage nach dem Geschöpf, welches zuerst auf vier Füßen geht, dann auf zweien und zuletzt auf dreien, bekannt aus der griechischen Sage als das Rätsel der Sphinx. Und eben dieses Rätsel berechtigt uns, die Antworten der Bauerntochter, deren Klugheit im Märchen zutage tritt wie eine spontane Generation, nicht als Ausdruck einer überragenden, schäumenden Intelligenz aufzufassen, sondern als Ausdruck einer uralten Kultur. Wir dürfen annehmen, dass die zitierten Fragen ein häufiges Thema waren: in Spinnstuben, Scheunen und Werkstätten, in Wirtshäusern und Gesellenquartieren, auf der Wanderschaft und bei Hochzeiten.

In der uns bekannten Form dürfte das Märchen von der klugen Bauerntochter in der frühen Neuzeit entstanden sein, weil in den Varianten Begriffe wie „Taler", „Jagdgewehr", „Kaffee", „Amerika", „Mais" und „Porzellan" vorkommen.

3. Die Kuh im Schwalbennest

Rätsel sind für Kinder erst ab einem gewissen Alter interessant, genauer: erst auf einer gewissen Stufe der geistigen Entwicklung. Bis dahin macht sich ein Kind nichts aus Rätseln, sie gehen an seinem Ohr vorbei, als ob man ihm etwas in einer ihm fremden Sprache sagen würde. Der Erwachsene merkt es, aber warum das so ist, vermag kaum einer zu erläutern. Die kritische Phase wird erreicht, sobald das Kind Vergnügen an

---

[55] Das kluge Mädchen. In: BOHDAN MYKYTIUK (Hg.): Ukrainische Märchen. S. 139-143.
[56] Das kluge Mädchen. In: ILSE LAUDE-CIRTAUTAS (Hg.): Märchen der Usbeken. S. 143-145.

Umkehrungsversen hat und selbst Umkehrungen erfindet. Es gibt Erwachsene, die Umkehrungsverse zitieren wie Sprichwörter und Lieder, doch welche Leistung hinter diesen steckt, kann nur einer von zehntausend explizieren.

Mit diesem Genre hat sich (wie oben ausgeführt) der russische Schriftsteller Kornej Tschukowski (1882-1969) umfassend auseinandergesetzt, und zwar in der Studie „Sinnige Unsinnigkeiten" (1924), die später in den Band „Kinder von 2 bis 5" aufgenommen wurde.[57]

Tschukowski zeigte, welche Anstrengungen das Kleinkind leistet, um einem Begriff eine spezifische, *unbenehmbare* Eigenschaft sicher zuzuordnen und ihn dadurch von anderen Begriffen zu unterscheiden. Die Fortschritte auf diesem Weg äußern sich in gewollten Umkehrungen wie „Falter kriecht, Schabe fliegt" oder wenn das Kind den Vater verschmitzt lächelnd mit „Mama" und die Mutter mit „Papa" anredet. Die Erwachsenen, immer bereit zu stützen, halten solche Äußerungen für Ausrutscher oder für misslungene Scherze und korrigieren – erst freundlich, dann verärgert. Sie ahnen nicht, welche Leistung hinter der Umkehrung steckt, niemand hat es ihnen erklärt.

Tschukowski, einmal aufmerksam geworden, machte sich mit viel Ausdauer auf die Suche nach Umkehrungen, die in der russischen Folklore und in der anderer Völker Spuren hinterlassen haben. Er entdeckte acht Arten von Umkehrungen: von Groß und Klein – von Warm und Kalt – Umkehrungen im Nahrungsbereich – bei der Kleidung – bei Naturerscheinungen – die Umkehrung von Reiter und Pferd – Umkehrungen bei körperlichen Gebrechen – die Umkehrung handelnder Personen.[58]

In der deutschen Folklore ist das Genre gut vertreten, siehe den Aufsatz über das Scherzen. Hier noch zwei Beispiele:

In Regensburg haben sie einen Hahn,
der hat so schrecklich viel Schaden getan.
Er zertrat eine steinerne Brücke.

---

[57] KORNEJ TSCHUKOWSKI: Kinder von 2 bis 5. S. 146-176.
[58] Ebd., S. 168-169.

> *Es flog eine Mücke einen Turm entzwei.*
> *War das nicht Ungelücke!*[59]
>
> *Die Kuh, die saß im Schwalbennest*
> *Mit sieben jungen Ziegen.*
> *Die feierten ihr Jubelfest*
> *Und fingen an zu fliegen.*
> *Der Esel zog Pantoffeln an,*
> *ist übers Dach geflogen.*
> *Und wenn das nicht die Wahrheit ist,*
> *so ist es doch gelogen.*

Ein Kind, das sich über Umkehrungen belustigt, steht nun vor einer neuen Schwierigkeit. Kaum hat es erfasst, dass ein Begriff spezifische, unbenehmbare Eigenschaften besitzt, verwirrt man es mit Fragen, die eben diese Einsicht untergraben. Denn das ist bei Rätselfragen der Fall. Zum Beispiel:

> *Es hängt an der Wand,*
> *reicht jedem die Hand.*
> *(Das Handtuch.)*

Hände besitzt nur der Mensch, und der hängt nicht an der Wand. Um die Rätselfrage zu verstehen, muss das Kind eine spezifische, unbenehmbare Eigenschaft von seinem angestammten Begriff lösen und sie auf einen anderen Begriff übertragen, es muss eine Metapher aufbauen, hier konkret das Handtuch personifizieren. Eine ungeheure geistige Anstrengung!

> *Er geht durchs Dorf*
> *und wird von den Hunden nicht verbellt.*
> *(Der Nebel.)*

---

[59] Um 1700 verbreitet.

Das Gehen setzt Beine voraus, und Beine gehören zu einem Körper. Beim Gehen entstehen Geräusche, der Körper hinterlässt einen Geruch. Soll all das auf einmal nicht gelten?

Jacke wie Hose:

> *Was schlüpft durch Hecken und Zäune*
> *ohne zu rascheln?*
> *(Das Licht.)*

Früher, als es noch schneite, foppte man die Kinder mit folgendem Rätsel, in dem nur ein Fingerzeig enthalten ist, nämlich der Hinweis auf die Jahreszeit, in der die Bäume kahl sind – auf den Winter:

> *Saß ein Vogel federlos*
> *auf dem Baume blattlos.*
> *Da kam die Jungfer mundlos*
> *und fraß den Vogel federlos*
> *von dem Baume blattlos.*
> *(Schneeflocke, kahler Baum, Sonne.)*

Noch schwieriger (denn das Loch ist eine Abstraktion):

> *Loch bei Loch*
> *und hält doch*
> *(Die Kette.)*

Bei manchen Rätseln setzt das Lösen bloß etwas Beobachtungsgabe voraus. Zum Beispiel:

> *Man sieht es nur bei Sonnenschein.*
> *Zu Mittag ist es kurz und klein,*
> *doch gegen Sonnenuntergang*
> *wird es auch wie ein Baum so lang.*
> *(Der Schatten.)*

> *Erst weiß wie Schnee,*
> *dann grün wie Klee,*
> *dann rot wie Blut.*
> *Schmeckt allen Kindern gut.*
> *(Die Kirsche.)*

Bei anderen Rätseln ist logisches Denken erforderlich. Zum Beispiel:

> *Wie kann man Wasser*
> *in einem Sieb tragen?*
> *(Wenn es gefroren ist.)*

> *Zwei Väter und zwei Söhne*
> *schossen drei Hasen schöne;*
> *ein jeder hat einen ganzen*
> *getragen in seinem Ranzen.*
> *(Großvater, Vater und Enkel.)*

Doch bei den Rätseln, die wir betrachtet haben, liegen die Dinge anders. Und jene in den Märchen von der klugen Bauerntochter sind ein Kapitel für sich.

4. Der Wortschatz als Sprungbrett

Die Kunst, Rätsel zu lösen, hängt mit der Beherrschung der Sprache zusammen, wie die Erwachsenen sie verwenden. Im Deutschen sind zwei für kleine Kinder schwierige Stilfiguren häufig: die Metapher und die Personifizierung. Auch die Homonyme bringen sie in Verlegenheit.

Bei der **Metapher** wird die Bezeichnung eines Dings auf ein anderes Ding übertragen, weil es ihm ähnlich ist oder eine ähnliche Funktion erfüllt. Der Krug hat einen Schnabel – das Dach ruht auf einem Stuhl – der Kran hat einen Arm – die Windmühle Flügel. Es gibt einen Fingerhut und ein Schneckenhaus. Man spricht vom Haupt der Familie – von der Last der Verantwortung – von einer harten Schale und einem weichen

Kern – vom Kopf der Verschwörung – vom Schneckentempo – von der Zugvogel-Straße. Diese Besonderheit hat auf die Rätselliteratur abgefärbt, die Metapher hat sich in ihr eingenistet. Zum Beispiel:

> *Er mit einem weiten Mund*
> *und mit einem engen Schlund.*
> *Sie mit einem engen Kragen*
> *und mit einem weiten Magen.*
> *Tut er schlucken,*
> *tut sie glucken.*
> *Wer kann mir die beiden sagen?*
> *(Trichter und Flasche.)*

> *Ein Kopf und ein Bein*
> *ist alles, was mein.*
> *Der Kopf hat keine Mütze,*
> *das Bein hat eine Spitze.*
> *(Die Stecknadel.)*

> *Es ist ein hoher Baum,*
> *mitten im Baum ist ein Nest,*
> *mitten im Nest ist ein Ei,*
> *tut jede Stunde einen Schrei.*
> *(Turm, Turmuhr.)*

Bei der **Personifizierung** wird eine menschliche Eigenschaft oder Fähigkeit auf ein anderes Ding übertragen – auf ein Tier oder auf eine Pflanze oder auf einen unbelebten Gegenstand, sogar auf einen gedachten Begriff. Zum Beispiel: Wenn die Katze ausgeht, tanzen die Mäuse auf dem Tisch. – Der Löwenzahn ist ein fleißiges Unkraut. – Unser Dorf schmiegt sich an einen Hügel. – Der Wind singt in den Drähten. – Das Maiwetter verspricht eine gute Ernte. – Die Erinnerungen kommen und gehen. So ist es oft auch im Rätsel: Das Handtuch reicht dir die Hand – der Nebel geht durchs Dorf – das Licht schlüpft durch Hecken und Zäune. Weitere Beispiele:

*Ich habe keine Füße
und geh' doch auf und ab
und beiß' mich immer tiefer ein
bis ich mich durchgebissen hab.
(Die Säge – ein Werkzeug mit Zähnen.)*

*Muss Tag und Nacht auf Wache stehn,
hat keine Füße und muss doch gehn,
hat keine Hände und muss doch schlagen:
Wer kann mir dies Rätsel sagen?
(Die Turmuhr.)*

Homonyme sind Wörter mit gleicher Lautgestalt, aber verschiedener Bedeutung. Zum Beispiel: *Bauer* (Landwirt) und *Bauer* (Vogelkäfig); *Krone* (Insignie eines Königs) und *Krone* (Teil eines Baums); *ausschlagen* (einen Hieb verabreichen) und *ausschlagen* (Knospen treiben); *laut* (geräuschvoll) und *laut* (gemäß, zufolge). Die Einteilung der Homonymen ist ein weites Feld.

Welche Krone kann kein König aufsetzen? (Die Baumkrone.)
Welches ist das gefräßigste Geschöpf? (Der Hase, denn er frisst immer mit zwei Löffeln.)
Welche Bärte wachsen nicht? (Die Schlüsselbärte.)
Wann ist es im Garten am gefährlichsten? (Wenn die Sonne sticht, die Bäume ausschlagen und der Kohl schießt.)
Wer hat es beim Kochen bequemer, der Tee oder der Kaffee? (Der Kaffee – er kann sich setzen, der Tee aber muss ziehen.)
Welche Ähnlichkeit besteht zwischen Köchen und Schauspielern? (Beide müssen rühren.)
Was kann man nicht mit Worten ausdrücken? (Den Badeschwamm.)
Was ist das lustigste Fett? (Die Butter, wenn sie ausgelassen wird.)

5. Dorfkinder im Vorteil

Wo es keine Schule gab, diente die Folklore als Lehrstoff. Rätsel und Scherzfragen zielten darauf ab, die Kinder zur Beobachtung ihrer Umwelt anzuregen, ihr Denkvermögen zu entwickeln. Wer in einem Dorf lebte, war den Stadtkindern gegenüber glatt im Vorteil, weil die Dorfbewohner häufig zusammenkamen, sei es zum Arbeiten, sei es zum Feiern, und dann ihre Überlieferungen aufleben ließen: Lieder – Schwänke – Märchen – Sagen – Rätsel – Scherzfragen. Ich verbrachte meine Kindheit in einer Stadt, dass es Rätsel gibt, hörte ich erst in der Schule. Was für ein Unterschied zur Gemeinde Sanktanna! Bei der Sammelaktion „Banater Volksgut" Anfang der siebziger Jahre haben die Bewohner von Sanktanna der Wettbewerbskommission rund 250 Rätsel und mehr als 100 Scherzfragen eingesandt.[60]

In einem Sammelband mit Folklore aus der Bukowina, aus dem Buchenland, wo Rätsel noch um die Jahrtausendwende im Schwang waren, wird vermerkt, dass es keinen Mann, keine Frau und vor allem kein Kind gab, die nicht zumindest ein Rätsel auf Lager hatten.[61]

---

[60] Die Sammelaktion wurde von der Redaktion der Tageszeitung „Neuer Weg" veranstaltet, weil die Banater deutsche Folklore noch nicht systematisch aufgezeichnet worden war. Sie hatte die Form eines Preisausschreibens. Ihre Ergebnisse übertrafen alle Erwartungen. Die eingesandten Texte wurden von WALTHER KONSCHITZKY in zwei Bänden herausgegeben: „Banater Volksgut. Märchen, Sagen, Schwänke." (Bukarest: Kriterion, 1979.) – „Banater Volksgut. Reime, Rätsel, Kinderspiele." (Bukarest: Kriterion, 1989.)

Sanktanna liegt nördlich von Arad.

[61] SERGIU MORARU u.a. (Hg.): Folclor din țara fagilor. [Folklore aus dem Buchenland.] S. 169.

König Hänschen schenkt Schokolade

oder

Die Reductio ad absurdum als Stilmittel der Kinderliteratur

1. Der Kinderbuchautor kann zaubern

Wenn ein Erwachsener etwas Unmögliches haben will, so gibt man ihm zu verstehen, dass er nach den Sternen greift. Scheint der Wunsch eher töricht als fantastisch, dann setzt man ihm auseinander, dass der Regen immer nach unten fällt, dass ein Sieb sich nicht zum Wassertragen eignet, dass der gestrige Tag für immer vergangen ist, dass man aus Häckerling kein Gold macht und kein Mensch über seinen Schatten springen oder gleichzeitig zwei Hasen nachlaufen kann. Äußert dagegen ein Kind unvernünftige Wünsche, fruchten weder derartige allgemeinverständliche Einwände noch sachlich-konkrete Argumente. Mangels Erfahrung nimmt das Kind die objektiven Hindernisse, die sich der Erfüllung vieler Wünsche entgegenstellen, gar nicht oder nur unvollkommen wahr. Sein naives Denken läuft nach anderen Schemen ab (die Kurzschlüsse einschließen). Das Kind hält einen Griff nach den Sternen nicht für unmöglich, wenn bloß die Leiter, auf die man steigt, hoch genug ist. Die Richtung, in die der Regen fällt, hängt seiner Meinung nach nur von der Lage der Wolken ab: Zöge man die Wolken herunter, so bliebe dem Regen nichts anderes übrig, als nach oben zu fallen. Außerdem geht ein Kind ganz in seinem Wunsch auf, die Wunschvorstellung verdrängt andere Gedanken und blockiert jeden Ansatz zu logischer Überlegung.

Der Erwachsene, an den sich das Kind mit seinem unvernünftigen Wunsch wendet, sitzt in der Patsche. Er kann ja nicht hexen; oft genug versteht er es nicht einmal, als Ersatz für die Erfüllung des Wunsches schön und eindrucksvoll zu erzählen. Nur der Kinderbuchautor bildet eine Ausnahme. Der Kinderbuchautor vermag zu zaubern, das hat er im

Märchenlande gelernt. Ein Wunsch mag noch so ausgefallen sein, er kann ihn erfüllen. Welches Kind sehnt sich nicht danach, zumindest für eine Weile dem Programm zu entkommen, das die Erwachsenen festgelegt haben, und nach Herzenslust ohne Unterbrechung zu spielen? Welches Kind möchte nicht einmal unsichtbar durch die Straßen spazieren? Welches Kind träumt nicht davon, einmal Gesetze zu erlassen wie ein König oder einen Wunschring zu besitzen oder wie Aladin über einen wundertätigen Geist zu gebieten? Der Kinderbuchautor lässt den literarischen Helden stellvertretend für den Leser die Erfüllung dieser Wunschträume erleben. Aus Erzählkunst und Zauberei, aus Psychologie und Logik bereitet der Kinderbuchautor eine Arznei zu für unvernünftige Wünsche, indem er auf sie eingeht und die Entwicklung, deren Anfänge mit der Erfüllung zusammenfallen, mit einer vom Kind nicht erreichten Konsequenz weiterverfolgt, bis der Widerspruch zwischen Wunschdenken und Vernunft unverkennbar zutage tritt. Der Kinderbuchautor lehnt die Erfüllung des Wunsches nicht ab, sondern führt den Helden – und damit den Leser – auf einem Umweg zu Einsicht und Besinnung.

2. Parallelen in der Logik, in Aikido, Kriegskunst und Schach

Dieser Kunstgriff dürfte Ihnen bekannt sein, da er in mehreren Bereichen angewandt wird, wo Scharfsinn den Erfolg verbürgt: Logik, Taktik und Rechtsprechung; waffenlose Selbstverteidigung und Schach. Ich versuche im Folgenden, den Trick des Kinderbuchautors durch Verfahren aus anderen Bereichen näher zu kennzeichnen und das Spezifische dieser Erscheinung abzugrenzen. Anschließend werde ich skizzieren, wie in verschiedenen Werken der Kinderliteratur die unvernünftige Wunschvorstellung als Irrtum enthüllt und der Konflikt zwischen Verblendung und Vernunft gelöst wird.

Ich bezeichne den Trick des Kinderbuchautors als *Reductio ad absurdum,* als „Zurückführung auf die Sinnlosigkeit" nach dem Verfahren des indirekten Beweises in der Logik. Bei diesem Verfahren wird bewiesen, dass das Gegenteil nicht wahr sein kann. Die gelehrte, die zünftige Definition lautet anders, etwas abstrakt, aber das müssen wir uns nicht antun. In beiden Fällen haben wir es mit einer Hypothese und mit einer Beweisführung zu tun. Im Kinderbuch bildet der unvernünftige Wunsch die Hypothese. Das Beweisverfahren kann ich am ehesten mit einer Episode aus dem Schelmenroman „Huckleberry Finns Abenteuer" (1884) von Mark Twain verdeutlichen.

Huck Finn und der Neger Jim sind beide aus dem Städtchen St. Petersburg am Mississippi geflüchtet – der eine aus Furcht vor seinem Vater, der andere aus Angst davor, dass Miss Watson ihn an den Sklavenhändler verkauft. Nach einigen Tagen begibt sich Huck als Mädchen verkleidet in das Städtchen, um die Lage zu erkunden. Er tritt in ein Haus am Stadtrand und trifft zu seinem Glück eine Frau, die er nicht kennt, die also ihn auch nicht kennt. Während des Gesprächs mit Huck wird die Frau darauf aufmerksam, wie ungeschickt das vermeintliche Mädchen eine Nadel einfädelt. Sie schöpft Verdacht. Die Frau kann dem Besucher nicht die Kleider ausziehen, um sich von ihrer Vermutung zu überzeugen, deshalb wählt sie einen anderen Weg. Sie stellt das vermeintliche Mädchen auf die Probe. Sie fordert es auf, mit einem Bleiklumpen nach Ratten zu werfen, und lässt ihm den Bleiklumpen wie unabsichtlich in den Schoß fallen. An der Art, wie der Besucher wirft und wie er den Klumpen im Schoß auffängt, erkennt die Frau, dass es ein Junge ist. Sie entlässt Huck mit folgenden Bemerkungen:

[...] Noch eins, Kind, wenn du eine Nadel einfädeln willst, halt nicht den Faden still und fuchtel mit der Nadel davor rum, sondern halt die Nadel still und schieb den Faden durch – so machen's fast alle Frauen; aber die Männer machen's immer andersrum. Und wenn du nach einer Ratte oder sonst irgendwas werfen willst, stell dich auf die Zehenspitzen und heb die Hand über den Kopf, so ungeschickt du kannst, und wirf sechs oder sieben Fuß an deiner Ratte vorbei. Wirf mit steifem Arm, aus der Schulter, als ob du da ein Scharnier hättest, wo der Arm sich dran dreht – eben wie ein Mädchen, nicht aus dem Handgelenk und Ellbogen und mit dem Arm zur Seite ausholend wie ein Junge. Und merk dir, wenn ein Mädchen was in ihrem Schoß auffangen will, spreizt sie die Knie auseinander; sie presst sie nicht zusammen wie du, als du den Bleiklumpen aufgefangen hast. Na, ich hab' dich gleich als Jungen erkannt,

wie du die Nadel einfädeln wolltest, und die anderen Sachen hab' ich mir bloß ausgedacht, um ganz sicher zu gehen. [...][62]

Bekannter als das Beweisverfahren aus der Logik, die Reductio ad absurdum, dürfte das Prinzip des *Aikido* sein, welches eine dem Judo verwandte (humane) Form der Selbstverteidigung ist; seine Varianten werden irrtümlich als *Jiu-Jitsu-Griffe* bezeichnet. Der Verteidiger setzt dem Angreifer keinerlei Widerstand entgegen, sondern macht die Stoß- oder Zugrichtung des Gegners zu seiner eigenen Bewegung, führt sie verstärkend fort und bringt damit den Gegner aus dem Gleichgewicht. Bei unserer Betrachtung über eine Erscheinung der Kinderliteratur können wir uns auch an das Aikido-Prinzip anlehnen. Das entsprechende Täuschungsmanöver in der Taktik (hier Taktik als Lehre von der Führung der Truppen im Kampf) steht hoch in Ehren; es handelt sich im Wesentlichen darum, dass ein Teil der Truppen beim Angriff des Gegners die Flucht ergreift und die Verfolger in eine Falle lockt. Beim Schach opfert der erfahrene Spieler eine Figur zugunsten des voraussehbaren erfolgreichen Schritts, er gibt also scheinbar nach. (Daher die Redensart vom Bauernopfer.)

Ein Beispiel für den Alltag ist das Erlebnis Huckleberry Finns an dem Tag, da er sich als Mädchen verkleidete. Ein weiteres Beispiel entnehme ich dem Roman „Wenn süß das Mondlicht auf den Hügeln schläft" von Eric Malpass. Als Großvater Pentecost den siebenjährigen Gaylord beim Lutschen einer Zigarre erwischt, schwebt ihm vor, dass er zwei Fliegen auf einen Schlag treffen könne, wenn er seinem Enkel die Zigarre überlässt: Gaylord schnell loswerden und ihm durch die unvermeidlich auftretende Übelkeit für lange Zeit das Rauchen verleiden. Der Großvater rät Gaylord, sich mit der Zigarre an einen abgelegenen Ort zu begeben – Gaylord verzieht sich in den Steinbruch. Tatsächlich wird ihm vom Rauchen sehr übel, es treten aber noch andere Folgen auf. An der weggeworfenen Zigarre entzündet sich das Buschwerk, sodass anschließend die Polizei nach dem Täter fahndet; durch den Brand alarmiert, beginnen zudem Gaylords Eltern mit dem Großvater heftig über die Zweck-

---

[62] MARK TWAIN: Huckleberry Finns Abenteuer. S. 85-86. (Im elften Kapitel.)

mäßigkeit seiner Präventivkur zu streiten.[63] Offenbar hat Opa Pentecost sich die Sache zu einfach vorgestellt; seine Methode, folgert der Leser, ist wohl nicht die richtige, um ein Kind vom Rauchen abzuhalten. Damit führt der Verfasser das Vorgehen des Großvaters ad absurdum.

In der Belletristik ist die Reductio ad absurdum eine geläufige Erscheinung. Seit den ältesten Zeiten wird von Dichtern und Schriftstellern u.a. die Meinung widerlegt, dass der Besitz von Gold bzw. Geld glücklich macht. In ganz einfacher, sozusagen primitiver Form finden wir diese Widerlegung in der Sage vom phrygischen König Midas, der sich von Bacchus die Gunst erbat, dass alles, was er berühren würde, sich in Gold verwandelt. Der Gott erfüllte seinen Wunsch, und bald darauf war Midas in Gefahr, zwischen den angehäuften Reichtümern zu verhungern und zu verdursten. Etliche literarische Werke veranschaulichen, wie der Besitz von Geld und Gold im Gegensatz zur Erwartung des Helden kein Glück bringt, sondern den Menschen verhärtet und moralisch ruiniert. Hier seien einige Titel genannt:

Jean-Baptiste Molière: „Der Geizige" (1668).
Wilhelm Hauff: „Das kalte Herz" (1827).
Honoré de Balzac: „Vater Goriot" (1835).
Charles Dickens: „Große Erwartungen" (1860-1861).
Ion Slavici: „Die Glücksmühle" [Moara cu noroc] (1881).
Ion Agîrbiceanu: „Die Arhanghelii-Grube" [Arhanghelii] (1914).
Ilja Ilf und **Jewgeni Petrow:** „Zwölf Stühle" (1928).

Diese Werke wurden für Erwachsene verfasst, denn nur die unvernünftigen Wachträume der Erwachsenen drehen sich um finanziellen Reichtum. Zwar kommt das Thema finanzieller Reichtum als törichte Wunschvorstellung auch in der für Kinder geschriebenen Belletristik vor – und zwar steht dann für finanziellen Reichtum das den Kindern fasslichere Synonym materieller Überfluss –, doch nimmt das Thema in der Kinderliteratur nicht den ersten Platz ein.

---

[63] ERIC MALPASS: Wenn süß das Mondlicht auf den Hügeln schläft. In: Ders.: Die Gaylord-Romane. Zweiter Band. S. 137-144 (Zwölftes Kapitel).

3. Die Reductio ad absurdum im Kinderbuch

Das Kind sucht in seinen Wunschvorstellungen den Einschränkungen zu entgehen, die sich aus den Geboten und Verboten der Erwachsenen ergeben und von den Erwachsenen verkörpert werden. Seine Wunschvorstellungen kristallisieren sich in Varianten eines Zufluchtsorts ohne Etikette, ohne Tagesprogramm, ohne Schule und Arbeit (und das bedeutet gewöhnlich auch: ohne Erwachsene), mit einem riesigen Spielplatz und einem immer gedeckten Tisch, auf dem die Leckerbissen nicht fehlen.

Die Verwendung der Reductio ad absurdum in der Kinderliteratur weist eine spezifische Besonderheit auf. Während der Held eines für erwachsene Leser bestimmten Werks jahrelang warten kann (und in manchen Fällen selbst in harter Arbeit teilnimmt an der Verwirklichung seiner Vorstellungen), kommt bei Werken der Kindeliteratur eine längere Wartezeit im Hinblick auf das Alter des kindlichen Helden und auf die Psyche des kindlichen Lesers nicht in Frage. Der Held wäre dann kein Kind mehr und würde den spezifisch kindlichen unvernünftigen Wunsch aufgeben. Was den Leser betrifft: Das Kind lebt in der Gegenwart und kann eine sich auf mehrere Jahre erstreckende Entwicklung nicht überblicken. Außerdem gehen wir ja davon aus, dass der Wunsch des Helden den Leser anspricht, der Leser sich den Wunsch des Helden zu eigen macht. Wenn sein Wunschgefühl an Intensität verlöre und sein Interesse sich bereits anderen Gegenständen zuwendete, würde das Beweisverfahren an Wirksamkeit einbüßen. Deshalb ist für das Kinderbuch bei der Reductio ad absurdum die kurzfristige, ja sofortige Erfüllung des für das Kind spezifischen unvernünftigen Wunsches notwendig.

Die Trauminsel der vermeintlichen Glückseligkeit, auf der kein Erwachsener dem Treiben der Kinder Einhalt gebietet, kein Gebot der Erwachsenen den Tatendrang der Kinder hemmt, hat in der Literatur sehr verschiedene Formen angenommen. Natürlich sind auch die Lösungen und die pädagogischen Schlussfolgerungen verschieden.

Es ist erstaunlich, es ist faszinierend, wie viele Autoren dieses Stilmittel verwendet haben:

Mark Twain: „Tom Sawyers Abenteuer und Streiche" (1876). Ein Roman.

Carlo Collodi: „Pinocchios Abenteuer" (1883). Ein Märchenroman. Die beliebte deutsche Fassung „Zäpfel Kerns Abenteuer" von **Otto Julius Bierbaum** (an die ich mich im Folgenden halte) eine freie Bearbeitung, erschien 1905.

Janusz Korczak: „König Hänschen I." (1923.) Ein Märchenroman.

Erich Kästner: „Der neugierige Friederich" (Erscheinungsjahr unbekannt). Eine fantastische Erzählung.

Erich Kästner: „Der 35. Mai oder Konrad reitet in die Südsee (1931). Eine fantastische Erzählung.

Lasar Jossifowitsch Lagin: Der Zauberer Hottab (1940). Ein Märchenroman.

André Maurois: „Das Land der 36.000 Launen" (1962). Eine fantastische Erzählung.

Juri Tomin: „Ein Zauberer geht durch die Stadt" (1964). Ein Märchenroman.

James Krüss: „Pauline und der Prinz im Wind" (1964). Eine fantastische Erzählung.

Éva Janikovszky: „Wenn ich nicht mehr klein bin" (1965). Eine Bilderbuchgeschichte.

Sándor Török: „Ein Zauberer geht durch die Stadt" (1968). Fünf fantastische Erzählungen.

Vera Ferra-Mikura: „Valentin pfeift auf dem Grashalm (1970). Eine fantastische Erzählung.

Elizabeth Shaw: „Als Robert verschwand" (1975). Eine Bilderbuchgeschichte.

Das Alter der Helden liegt zwischen fünf und vierzehn Jahren. Tom Sawyer benimmt sich manchmal so, als ob er zehn Jahre alt wäre, und manchmal so, als ob er vierzehn Jahre alt wäre. – König Hänschen ist zu Beginn der Handlung zehn Jahre alt und am Ende der Handlung zwölf Jahre alt. – Wolka Kostylkow, das ist der Junge, der den Geist Hottab aus der Flasche befreit, ist dreizehn Jahre alt. – Pauline wird als Schülerin der ersten Grundschulklasse vorgestellt, und dürfte damit so alt sein wie die siebenjährige Michaela, die vom Land der 36.000 Launen träumt. – Tolik Ryschkow, jener egoistische Junge, der mit den gefundenen Streichhölzern zaubern kann, ist Schüler der vierten Klasse.

In zwei Fällen – „Tom Sawyers Abenteuer" und „Pinocchios Abenteuer" (bzw. „Zäpfel Kerns Abenteuer") – ist die Reductio ad absurdum auf bloß eine Episode beschränkt, während die Verfasser der anderen genannten Werke dieses Verfahren der gesamten Handlung zugrunde legten.

Nach der Ebene, auf der es zur Erfüllung des Wunsches und zur Reductio ad absurdum kommt, kann ich drei Gruppen unterscheiden. Da ist zunächst ein einziges mir bekanntes Werk mit einer für uns interessanten Episode, die sich von A bis Z im Bereich des objektiv Möglichen abspielt: „Tom Sawyers Abenteuer". Bei der zweiten und umfangreichsten Gruppe beginnt zwar die Handlung in der objektiven Wirklichkeit und spielt in der Gegenwart, der Text wird nicht durch die Formel *Es war einmal* eingeleitet, doch verbindet der Verfasser Glaubwürdiges mit fantastischen Elementen, die an Märchen erinnern. Von dieser Gruppe sind die Märchenromane „Pinocchios Abenteuer" (bzw. „Zäpfel Kerns Abenteuer"), „König Hänschen I." und „Der Zauberer Hottab" einem größeren Publikum bekannt. Bei der dritten Gruppe erfolgen Erfüllung und Reductio ad absurdum nur in der Vorstellung des Kindes bzw. in einem Traum; die Handlung beginnt in der objektiven Wirklichkeit und läuft streckenweise als Gedankenspiel bzw. als Traumgeschehen ab.

Mal formuliert der Held den Wunsch zum Ausreißen selbst oder trägt ihn bereits in sich und unternimmt sogar Versuche zu seiner Verwirklichung, aber es kommt auch vor, dass sich dem Helden unerwartet eine einzigartige Gelegenheit bietet, die er ohne viel Überlegen ausnützt.

Tom Sawyer und seine Busenfreunde Joe Harper und Huckleberry Finn beschließen, in die „weite Welt" zu flüchten, weil sie sich ungerecht behandelt fühlen. Sie wollen Piraten werden, wählen sich zu diesem Zweck eine unbewohnte, bewaldete Mississippi-Insel nahe ihrem Heimatstädtchen St. Petersburg und schwören, nimmermehr in die Fesseln der Zivilisation zurückzukehren. *„Das ist just ein Leben für mich", jubelte Tom, „morgens braucht man nicht aufzustehen, braucht nicht in* *die Schule, sich nicht zu waschen und all den anderen dummen Firlefanz. [...]"*[64]a

In der Geschichte vom neugierigen Friederich, der an den Türen horcht und in fremden Häusern spioniert, muss der Wunsch nicht mehr eigens formuliert werden. Friedrich erhält vom Detektiv Sherlock Holmes die Gabe, durch die Wände zu gucken, als ob sie aus Fensterglas gebaut wären, sooft er diese Zauberformel spricht: *„Hulle Wulle Spionier! Fort sind Wände, Dach und Tür."*[65]

Michaela überlegt eines Abends vor dem Einschlafen, ob es wohl ein Land gebe, in dem man jedwelcher Laune nachgehen kann. Sie ist nämlich am vergangenen Tag durch die Erwachsenen und durch ihre Brüder wiederholt von angenehmen Beschäftigungen abgehalten und in ihren Vorhaben gestört worden. Als die Kinder nicht gleich zu Bett gehen wollten, hat das Kinderfräulein erklärt, dass Kinder nicht 36.000 Launen haben können. Im Traum erhält Michaela die Antwort.

Pauline hat seit Tagen nur Honigkuchen im Kopf, als sie im Park dem Fremden begegnet, der sie verzaubert, sodass ihr jede Speise nach Honigkuchen schmeckt.

Zäpfel Kern lässt sich von seinem Mitschüler Spinnifax zur Fahrt nach dem Spielimmerland verführen, wo es laut Reklame keine Schulen gibt und die Kinder die Herren sind, wo jeder Tag Sonntag ist, wo die Großen Ferien am ersten Januar anfangen und am letzten Dezember enden. Zusammen mit anderen „Auskneifianern" werden die beiden von Doktor Schlaumeier von der Insel Goldboden, wo der Fleiß regiert, nach Spielimmerland gebracht. Das Spielimmerland, zu dem mit einer Ausnahme – Doktor Schlaumeier – keine Erwachsenen Zutritt haben, ist eine Ferienkolonie für Jungen von sechs bis zwölf Jahren (bei Collodi acht bis vierzehn); es stellt sich als eine unabsehbare Festwiese dar, auf der man gratis spielen, sich amüsieren, essen und trinken kann. Bestraft werden nur Lernen und Arbeiten, schon der Gedanke daran ist strafbar. Die

---

[64]   MARK TWAIN: Tom Sawyers Abenteuer und Streiche. S. 116. (Zwölftes Kapitel.)
[65]   ERICH KÄSTNER: Der neugierige Friederich. In: LACHT MIT! S. 35-40.

Jungen, die aus der Schule fortgelaufen sind und im Spielimmerland innerlich und äußerlich vereseln, werden zuletzt von Doktor Schlaumeier auf dem Eselmarkt verkauft. Der Held erlangt das Recht auf menschliche Gestalt erst durch schwere Arbeit wieder.

Wolka Kostylkow findet beim Baden eine tönerne Flasche, in die seit mehr als 3.000 Jahren der Geist Hottab eingeschlossen ist. Aus Dankbarkeit will Hottab für seinen Befreier alles nur Erdenkliche tun. Er besorgt Eintrittskarten, für die man sonst lange anstehen müsste – er begünstigt die von Wolka bewunderte Fußballmannschaft beim Entscheidungsspiel – er schafft im Handumdrehen die erlesensten Südfrüchte herbei – er kann bewirken, dass die Eltern Kostylkow eine Weile nicht an ihren Sohn denken. Wolka nützt die unerwartete Bekanntschaft aus und lässt sich all dies gefallen.

Tolik Ryschkow findet eine Schachtel mit Zauber-Streichhölzern, die, wenn man sie durchbricht, je einen Wunsch erfüllen. Mit diesen Streichhölzern vollbringt Tolik Wunder. Er verzaubert seine Mutter, die ihm fortan alles gestattet, und seine Lehrerin, die ihm daraufhin gute Noten gibt – er zaubert sich alle Hausaufgaben für ein ganzes Schuljahr in den Kopf – er verblüfft durch meisterhaftes Hockey- und Schachspiel – er klettert ohne Schaden zu nehmen in einen Löwenkäfig. Aber rechte Freude kann er dabei nicht finden, weil alles zu leicht gelingt; will er dagegen etwas aus eigener Kraft tun, blamiert er sich, beispielsweise beim Aufsagen des Gedichts „Lorelei" während der Schulfeier.

Der kleine Robert hat einen Zauberkasten zum Geschenk erhalten, dem leider eine fehlerhafte Gebrauchsanweisung beiliegt. Als Robert ein Glas verschwinden lassen will, wird er selbst unsichtbar. Der Junge versucht in kindlichem Geltungsdrang, den ungewöhnlichen Zustand für Späße auszunützen: er neckt mehrere Personen, klettert im Tiergarten in die Käfige und beteiligt sich an einem Fußballspiel. Doch seiner Unsichtbarkeit wegen nimmt man ihn nicht zur Kenntnis. Die Fußball spielenden Freunde erklären das Tor, das Robert geschossen hat, für ungültig, weil sie meinen, der Wind habe den Ball geschoben. Bald fühlt Robert sich ganz einsam; er hat sich das Unsichtbarsein lustiger vorgestellt.

Im Märchenroman „König Hänschen I." von Janusz Korczak wird das Auftauchen des Wunsches der Kinder nach Mitbestimmung und seine Verwirklichung von langer Hand vorbereitet. Der Verfasser versetzt uns in ein Land, in dem zu Beginn der Handlung der König stirbt und die Krone auf dessen minderjährigen Sohn übergeht. Thronfolger Hänschen ist anfangs zehn und zuletzt zwölf Jahre alt.

Der Leser erfährt, dass es der Thronfolger in mancherlei Hinsicht nicht besser hat als andere Kinder: Die Etikette beengt ihn – er darf nicht mit Altersgenossen spielen – der Hauslehrer antwortet nicht auf seine Fragen. Gleich den Helden anderer Kinderbücher ist Hänschen „schlimm" in dem Sinne, dass er die Gebote der Erwachsenen seiner Umgebung missachtet und ihren Erwartungen zuwiderhandelt: er verletzt u.a. wiederholt die Etikette und läuft sogar mit Fritz, dem Sohn des Sergeanten der Schlosswache, heimlich fort, an die Front, weil die Minister ihn über das Geschehen im Land nicht informieren.

Eines Tages besinnt Hänschen sich auf seine königlichen Rechte und greift in die Regierungsgeschäfte ein. Hänschen will die Gesetzgebung reformieren. Weil selbst ein Kind, zeigt sich der Thronfolger besonders aufgeschlossen für Interessen und Wünsche der Kinder: er lässt Ferienkolonien bauen, in allen Schulen Schaukeln und Karusselle aufstellen und in der Hauptstadt einen großen Tiergarten einrichten. Er hält Audienzen für Kinder und führt zugleich mit einem Parlament für Erwachsene auch eines für Kinder ein. Das Letztere geschieht bereits auf Betreiben eines als Zeitungsschreiber verkappten Spions. Der Verfasser nützt den Umstand, dass Hänschen in seiner Eigenschaft als Thronfolger sich die Erfüllung von Wünschen leisten kann, die für andere Kinder Träume bleiben – er hat dadurch die Möglichkeit, etliche für Kinder sehr verlockende Vorstellungen als unrealistisch auszuweisen.

König Hänschen beginnt seine reformatorische Tätigkeit mit dem Befehl, am nächsten Tage möge jedes Kind in der Schule ein Kilogramm Schokolade erhalten. Der Minister für Gesundheitswesen wendet sofort ein, das sei zu viel, höchstens ein Viertel Kilogramm. Aber selbst dann müssen die Fabriken des Landes neun Tage lang arbeiten, um die entsprechende Menge Schokolade für fünf Millionen Kinder zu erzeugen, und die kann mit der Eisenbahn erst im Laufe einer Woche an Ort und Stelle transportiert werden. Also ist der Befehl erst nach drei Wochen zu erfüllen. Der junge König erkennt, an wie viele Einzelheiten er nicht gedacht hat. Beim Einschätzen dieser Episode müssen wir berücksichtigen, dass drei Wochen beim Kind schwerer ins Gewicht fallen als beim Erwachsenen. Für kleine Kinder ist diese Zeitspanne einfach unfassbar, und auch für größere erscheint die Verzögerung im Vergleich zur sofortigen Erfüllung wie eine Absage.

Mit dem folgenden Vorfall komme ich zum Kern der Sache: Das Parlament der Kinder schenkt den Einflüsterungen des Spions Gehör und beschließt eines Tages einseitig, dass ab sofort die Erwachsenen zur Schule gehen, bis eine Kommission festlegt, wie man die ungerechte Behandlung der Kinder in der Schule abstellen kann. Die Kinder übernehmen die Aufgaben der Erwachsenen.

So schnell wie dieser unüberlegte Beschluss gefasst wird, so schnell stellen sich die unangenehmen Folgen ein. Die Unordnung beginnt damit, dass die Jungen vor allem Feuerwehrleute und Schofföre sein möchten, die Mädchen Verkäuferinnen in Spielwarenläden und Konditoreien. Die kleinen Polizisten werden mit den Strolchen nicht fertig. Die Kinder kommen mit den Büroarbeiten ebenso wenig zurecht wie mit dem Kochen. Sie verschießen alle Munition und verderben die Kanonen. Sie machen die Maschinen in den Fabriken kaputt und lassen häufig dem Spiel zuliebe die Arbeit liegen. Ein schlecht geführter Zug entgleist, es gibt hundert Tote und sehr viele Verletzte, aber die Kinder sind nicht in der Lage, ihnen zu helfen. Das Post- und Fernmeldewesen kommt zum Erliegen. Die vom Spion redigierte Zeitung der Kinder verharmlost und verschweigt das Unheil. Der König eines Nachbarlandes jedoch erfährt von der katastrophalen Lage und überzieht Hänschens Heimat mit Krieg.

Und nun, nachdem der Leser schon weiß, wohin das unbedachte, unüberlegte Regieren der Kinder führte, enthüllt der Verfasser einen weiteren Anschlag des Spions. Es handelt sich um ein Manifest, gerichtet an alle Kinder der Welt, das angeblich von Hänschen selbst verfasst worden ist (es trägt seine Unterschrift). Das Manifest ruft die Kinder in demagogischer Weise zu Ungehorsam und Revolte auf. Die Gegenüberstellung der im Manifest vertretenen Ideen mit den Folgen der Kinderherrschaft lässt ihre Unvernunft mit aller Klarheit zutage treten.

Als König Hänschen sich über diese Folgen Rechenschaft gibt, annulliert er den Beschluss der Kinder. Wer aber glaubt, das Parlament der Kinder werde abgeschafft, der irrt. Es wird bloß in seinen Befugnissen beschränkt. Die Kinder können dort weiter ihre Wünsche vorbringen, doch wird das Parlament der Erwachsenen über sie beschließen. Die Kinder dürfen den Erwachsenen nicht mehr befehlen.

Wolka Kostylkow stellt wiederholt (und z.T. am eigenen Leib) fest, dass es durchaus nicht einfach ist, einem Geist Befehle zu erteilen, der seine Bildung vor 3.500 Jahren im Orient erworben hat und übernatürliche Kräfte besitzt, weil jedes Missverständnis eine Katastrophe bewirkt. Der Junge erfriert beinahe auf dem fliegenden Teppich und ertrinkt um ein Haar im Schwarzen Meer, als Hottabs Zauberwind die Segeljacht wegreißt. – Während der Kreuzfahrt im Nördlichen Eismeer wird er um ein Haar mit Schiff und Besatzung von einem Wirbel verschlungen, als Hottab plötzlich die hindernde Sandbank wegräumt. – Dazu kommen andere Ärgernisse: Damit Wolka einen Film mit Jugendverbot ansehen kann, lässt Hottab dem Dreizehnjährigen einen dichten Bart wachsen; als dann beim Friseur die Kunden Wolka auslachen, verwandelt Hottab sie in Hammel. – Aufgrund seiner anachronistischen Auffassung von Ruhm und Glück bezeugt er die Erkenntlichkeit für seinen Befreier durch märchenhafte Geschenke, die den Pionier Wolka in Gefahr bringen, sich vor Freunden und Bekannten fürchterlich zu blamieren.

Aus der Fülle der Vorfälle sei hier die Geografieprüfung vom Tage der Bekanntschaft zwischen Wolka und Hottab herausgegriffen; der Verlauf dieser Prüfung veranschaulicht nämlich überzeugend die wesentliche Aussage des Buches.

Es geht um die letzte Prüfung des fünften Schuljahrs. Wolka, der sich nicht gewissenhaft vorbereitet hat, nimmt erleichtert Hottabs Angebot an, der ihm zuflüstern will. Er zieht den Zettel Nr. 14: „Gestalt und Bewegung der Erde" – eine Frage, die er zufällig beantworten kann. Zunächst soll er sagen, was der Horizont ist. Unter Hottabs Einfluss, der ihm durch die Wand zuflüstert, spricht Wolka gegen seinen Willen andere Worte: *„Den Horizont, o mein hochverehrter Lehrer, erkühne ich mich mit deiner Erlaubnis jene Grenze zu nennen, an der die kristallene Himmelskugel den Rand der Erde berührt."* Die Gestalt der Erde beschreibt Wolka der bestürzten Prüfungskommission unter Hottabs Diktat folgendermaßen: *„Die Erde, o würdigster und edelster aller Erzieher und Lehrer, hat die Gestalt einer flachen Scheibe und wird von allen Seiten von einem majestätischen Fluss umspült, den man Ozean heißt. Die Erde ruht auf sechs Elefanten, die ihrerseits auf einer riesigen Schildkröte stehen. Dies ist die Einrichtung der Welt, o mein Lehrer."*

Die drei Möchtegern-Piraten Tom, Joe und Huck rücken mit etlichem Proviant versehen in der Nacht von Dienstag auf Mittwoch aus. Auf der Mississippi-Insel fühlen sie sich in ihrem Element, allerdings verspüren sie bereits Mittwochnachmittag Heimweh. Doch der Verfasser lässt sie weder am nächsten noch am übernächsten Tag heimkehren. Er malt in leuchtenden Farben aus, wie sich den Tagedieben auf der Mississippi-Insel die Möglichkeit bietet, unbegrenzt zu spielen, zu baden, umherzustreifen, zu angeln. Sie leiden auch keinen Hunger. Trotzdem fehlt ihnen etwas, trotzdem bedrückt sie Langeweile. Sie können den Verlust der Familie und der gesellschaftlichen Umgebung nicht verwinden. Der Leser merkt, Spielen und Essen sind noch nicht alles. Am Freitag vermag Tom seine Gefährten nur mit der ausgefallenen Idee von der Rückkehr abzuhalten, dass sie erst während des Trauergottesdienstes wieder in Erscheinung treten sollen, den man am Sonntag für sie abhalten wird. Daraufhin kämpfen sie noch anderthalb Tage gegen die Langeweile an.

Auch der ewig spionierende Friedrich und die Honigkuchen-Pauline werden durch das Gefühl der Übersättigung zur Besinnung veranlasst. Nachdem Friedrich alles sehen kann, einschließlich andere spionierende und an Türen horchende Kinder, verliert sich seine Neugierde; er bringt die wunderbare Fähigkeit dem Detektiv Sherlock Holmes aus freien Stücken zurück. Als ihr alle Speisen nach Honigkuchen schmecken, will Pauline nichts mehr von Honigkuchen wissen und bittet den Fremden im Park, den Zauber zu lösen.

Besondere Aufmerksamkeit verdient die Reductio ad absurdum als gedankliche Leistung des kindlichen Helden. Diese Leistung, die als Ausdruck des erwachenden kritischen Selbstbewusstseins zu werten ist, hat Sándor Török in dem Erzählband „Ein Zauberer geht durch die Stadt" (1968) dargestellt. Der Verfasser schildert, wie der etwa elfjährige Held in Gedanken wunderbare Abenteuer erlebt. Für den erwachsenen Leser ist klar, dass sich ein Teil der Handlung bloß in Tonis Vorstellung abspielt, bzw. in der Vorstellung Tonis und seiner Freunde; der Zauberer Tschilitschala, den Toni zu Hilfe ruft und der für Erwachsene unsichtbar bleibt, verkörpert die kindliche Fantasie.

Wir lernen Toni in der unglücklichen Stunde kennen, als er ein Schulfenster einschlägt; er leugnet die Tat, obwohl er sie nicht absichtlich begangen hat, und muss deshalb nachsitzen. Toni denkt darüber nach, wie er dem Geständnis ausweichen könnte. Er stellt sich vor, dass sein Freund Hans Bükk, dessen Vater Glaser ist, eine neue Scheibe einsetzt und dafür natürlich eine Belohnung fordert – wahrscheinlich sogar Tonis Mundharmonika. Doch die Trennung von dem geliebten Instrument würde Toni noch mehr Überwindung kosten als das Geständnis. In seiner Not erfindet Toni für Hans Bükk ein Pferd. Beim Ausspinnen der Konsequenzen, die sich ergeben können, wenn man ein Pferd in der Blockwohnung hält, gelangt Tonis blühende Fantasie zu haarsträubenden Ergebnissen, die für ihn fatal sind – Budapest wird überschwemmt, und die Bevölkerung fordert seinen Kopf –, sodass ein Geständnis im Vergleich dazu einfach scheint. Es geht Toni ähnlich, als er durch die ihm bekannten Märchen streift, um das Tischleindeckdich zu finden, das die Eltern – Toni hat den Nachmittag verbummelt und viel Geld vernascht – von seinem späten Eintreffen ablenken soll. Zuletzt frisst ihn beinahe ein Drache. Wieder scheint angesichts des dramatischen Ausgangs beim gedachten Märchenland-Ausflug das Geständnis einfacher.

In diesem Band kommt auch das Schlaraffenland-Motiv vor, und zwar in der für das Kinderbuch spezifischen Abwandlung: Das Kind kneift vor berechtigten, sozial bedingten Forderungen des Erwachsenen, die es undifferenziert als Zwang empfindet. Während des Ferienaufenthalts am Plattensee sollen Toni und seine Spielgefährten bei den Haushaltsarbeiten helfen: Eis holen, Erbsen aushülsen, die Badeanzüge waschen und zum Trocknen ins Gras legen. Doch die Kinder weigern sich maulend, in den Ferien zu arbeiten; sie bitten Onkel Tschilitschala, er möge es so einrichten, dass ihre Arbeit sich ein für allemal von selbst erledigt. Sie haben nicht bedacht, dass künftig auch alle Verrichtungen, die ihnen Spaß machen, sich von selbst erledigen. Sie stellen zunächst angenehm überrascht, dann mit wachsender Bestürzung die Konsequenzen fest: Die Fische springen beim Angeln tischfertig zubereitet aus dem Wasser, das Echo antwortet, bevor man ruft. – Als die Kinder Rohrpfeifen schneiden wollen, marschiert eine Schilfrohr-Truppe mit fertigen Rohrpfeifen heran; kaum dass vom Muschel- und Feuersteinsammeln die Rede ist, gibt der Postbote ein ganzes Paket Muscheln an Toni ab. – Die Kinder wollen ein Segelboot zusammenstellen und treffen voll Eifer die Vorbereitungen, da schiebt sich plötzlich das fertige Segelboot aus dem Schilf. – Beim Wettschwimmen gelangen alle gleichzeitig ans Ziel, einschließlich des allerkleinsten Jungen, der noch lispelt und sich bis dahin kaum ins Wasser traute. Es gibt keine Arbeit und Mühe, aber auch keinen Spaß und keine Genugtuung mehr. Die Langeweile nimmt überhand. Schließlich verwerfen die Jungen die Schlaraffenland-Idee, weil sie ihre Unvereinbarkeit mit der Genugtuung über schöpferische Leistungen erkannt haben.

In den fünf Erzählungen des Bandes gelangt Toni jeweils aufgrund eigener Überlegungen zu dem Schluss, dass er sich im Irrtum befindet bzw. dass er seine Schwächen überwinden muss. Mithin ist laut Sándor Török ein Elfjähriger bereits imstande, törichte Wachträume ad absurdum zu führen. Vielleicht bringen das auch jüngere Kinder fertig. James Krüss hält es für möglich; die Geschichte mit den Honigkuchen wird nämlich von Pauline selbst erzählt wie alle Geschichten des Bandes „Pauline und der Prinz im Wind". Der Kommentar des Autors: *Die Honigkuchen-Geschichte zeigt, dass Pauline ihre eigenen Schwächen gut kennt, und das ist im Leben immer nützlich.*

Éva Janikovszky geht noch einen Schritt weiter: Der Held ihrer Bilderbuchgeschichte „Wenn ich nicht mehr klein bin" ist noch im Vorschulalter. Der kleine Junge projiziert alle Verhaltensweisen, die ihm verboten sind, in die eigene Zukunft als Erwachsener, also in eine Entwicklungsphase, in der man vermeintlich nach Belieben handeln kann. Er stellt überrascht fest, dass die beneideten Erwachsenen nicht nach Belieben handeln, sondern die Forderungen selbst einhalten, die sie an Kinder richten. Ich zitiere den Schluss der Geschichte:

> *Wenn ich groß bin,*
> *setze ich mich mit schmutzigen Händen an den Tisch,*

ziehe immer ein kurzärmliges Hemd an,
passe nie auf den Weg auf, sondern
falle lieber auf die Nase,
kaue dauernd an den Nägeln
und werfe mein Spielzeug überall herum
und viele andere Dinge,
von denen ich gar nicht sprechen will.

Ich freue mich sehr darauf, groß zu sein.
Nur eins verstehe ich nicht:
Vater und Mutter sind groß.
Sie waschen sich die Hände,
ziehen sich ihren Pullover an,
passen auf den Weg auf,
kauen nicht an den Nägeln
und räumen alle ihre Sachen weg.
Warum nur?

Ich werde sie einmal fragen.

4. Stippvisite bei den Schlaraffen

Bezeichnenderweise wird dann, wenn der Kinderbuchautor den materiellen Überfluss als vermeintliche Bedingung für Glück ad absurdum führt, die unglückliche Hypothese von Erwachsenen verkörpert, die außerdem nur als Nebengestalten, als Randfiguren auftreten.

Die Reise Zäpfel Kerns nach Spielimmerland führt durch das Land *Wanstphalen,* das mit jenem gewissermaßen zusammenhängt, denn wenn die Kinder in Spielimmerland groß und des Spielens müde werden, ziehen sie nach Wanstphalen und setzen sich dort bei Knödeln und Bier zur Ruhe. Der Leser von „Zäpfel Kerns Abenteuer" lernt also noch eine Perspektive kennen, die den „Auskneifianern" blüht, falls Doktor Schlaumeier sie nicht als Esel verkauft. Diese Episode hat Bierbaum erfunden, sie kommt bei Collodi nicht vor.

Die Bewohner von Wanstphalen arbeiten nicht und haben keine Sorgen, sie pflegen nur ihren Bauch. Dort gibt es nur Wirtshäuser in Form von langen Hallen, in denen rechts Knödelschüsseln und links Bierfässer stehen. Das ganze Leben der Wanstphalen spielt sich in diesen Wirtshäusern ab, denn wer bloß seinen Bauch pflegt, braucht kein Theater, keine Geschäfte, keine Gerichte und keine Amtsgebäude. Gehirn und Herz der Wanstphalen sind zu Fett geworden und in den Bauch gerutscht. Im letzten Stadium verlieren sie die Sprache und können dann bloß noch grunzen, wenn sie Bier schlucken und Knödel schlingen, sodass das Rindvieh auf der Weide und die vielen Schweine, die in dem schmutzigen und ganz verwahrlosten Land herumlaufen, einen gescheiteren Eindruck machen als die teilnahmslosen Bauchmenschen. Zäpfel Kern findet das Land der Wanstphalen ekelhaft.

Der Apotheker Ringelhuth und sein Neffe Konrad (Erich Kästner, der 35. Mai) durch queren auf ihrer Fantasie-Reise in die Südsee auch das Schlaraffenland. Das Leben der Schlaraffen ist dem Dahinvegetieren der Bauchmenschen in Wanstphalen ähnlich. Ihre einzige Sorge gilt ihrem Körpergewicht, das nicht unter die 150-Pfund-Grenze fallen darf. Sie nehmen die Nahrung, um jede Anstrengung zu vermeiden, in Form von Pillen zu sich, während sie wunderbare Bilder der entsprechenden Gerichte betrachten. Die Häuser stehen auf Rädern und haben Pferde vorgespannt – so ist es den Bewohnern möglich, im Bett zu bleiben und trotzdem überallhin zu gelangen. Der Präsident des Schlaraffenlandes, Seidelbast, war Konrads Schulkollege; er war elfmal sitzengeblieben, hatte dann in der dritten Klasse geheiratet und ist aus der Stadt weggezogen. Seidelbast trägt nur eine Badehose, die übrigen Kleidungsstücke sind mit Indanthren auf die Haut gemalt, denn das ewige An- und Ausziehen kostet zu viel Zeit und Arbeit. Der Zeitvertreib der lebhaften Schlaraffen besteht darin, dass sie sich etwas ausdenken, was dann in Wirklichkeit entsteht: ein Kalb mit zwei Köpfen – ein Großvater mit Botanisierbüchse – ein Löwe, der beinahe seinen Erfinder frisst, weil der das Zauberwort „Zurück, marschmarsch!" vergessen hat.

Die Erzählung „Valentin pfeift auf dem Grashalm" von Vera Ferra-Mikura enthält eine sinnverwandte Aussage. Der Gärtner Valentin, der so auf Grashalmen zu pfeifen versteht, dass jedes Mal ein Wunsch erfüllt wird, begegnet in der Stadt Lückenbrück einerseits Menschen, die in ihrer Beschäftigung Genugtuung finden, auch wenn sie anstrengend oder langwierig ist. Diese sind der dicke Torelli, der auf Empfehlung seines Arztes Baumstämme durch den Hof wälzt, die Malschüler Wenzel und Ferdinand, die beim Zeichnen von Giebelhäusern bereits vierzehn Blätter verpatzten, der Denkmalputzer, die alte Frau mit dem Strickzeug. Andererseits trifft Valentin auf Personen, die seine Zauberkunst aus Habgier schamlos ausbeuten. Herr Schnapp und Frau Schnapp wissen nachher selbst nicht, ob sie glücklich sind, denn sie haben keine Wünsche mehr, und sie wissen nicht, was sie ohne Wünsche anfangen sollen.

5. Schluss

Die Rückkehr des Helden in die Gesellschaft, und das heißt: zum sozialen Verhalten, verbinden zwei Autoren mit dem deutlichen Appell an die Hilfe der Erwachsenen.

Der kleine Junge (Éva Janikovszky, Wenn ich nicht mehr klein bin) gelangt zu dem Schluss, dass in den lästigen Geboten und Verboten der Erwachsenen ein Sinn enthalten sein muss, da die Erwachsenen selbst sie beachten; warum sie das tun, will er von ihnen erfragen. Wird er eine aufklärende Antwort erhalten? Wer den Text aufmerksam gelesen hat, kann nicht damit rechnen. Die Umwelt, in der sich der Held bewegt, ist nämlich das Gegenteil der für die geistige Entwicklung günstigen Atmosphäre, die vom Vorzeigen, Erläutern, Einführen und Erlauben geprägt sein soll.

Der unsichtbare Robert (Elisabeth Shaw, Als Robert verschwand) greift zum Zauberkasten, nachdem sein Vater ihm das Blasen auf der Trompete verboten hat. Nun war schon die Trompete ein Ersatz – Robert hätte lieber mit einem Kätzchen oder mit einem Hund oder mit einer weißen Maus gespielt, wenn der Vater es ihm erlaubt hätte, aber der wollte von Tieren in der Wohnung nichts wissen. Erst der Schreck über Roberts Verschwinden führt den Vater zu der Einsicht, dass es vernünftiger sei, Robert die Beschäftigung mit weißen Kaninchen zu erlauben, die weder Lärm machen wie die Trompete noch zu derartigen Verlegenheiten führen wie der Zauberkasten. Es sind die Kaninchen vom Vertreter der

Firma „Zauberspiele und Zauberausstattungen", der Robert zuletzt von seinem Ausnahme-Zustand befreit.

Zusammenfassend stelle ich Folgendes fest:

Die Reductio ad absurdum als Kunstgriff zur Überzeugung des Lesers kommt in Werken der Kinderliteratur vor, die in verschiedenen Ländern entstanden sind und verschiedenen Genres angehören. Die Handlung ist durch denselben logischen Ablauf gekennzeichnet: Der Verfasser veranschaulicht, wohin ein unvernünftiger Wunsch führt. Die realen oder gedachten Folgen betreffen den literarischen Helden, mit dem sich der kindliche Leser am leichtesten identifiziert – also ein Kind. Die Folgen bringen den Helden zur Besinnung. Aus psychologischen Erwägungen wird der Wunsch sofort oder in kurzer Zeit erfüllt.

Die erzieherische Bedeutung der Reductio ad absurdum liegt darin, dass der Leser die Besinnung des literarischen Helden in Gedanken miterlebt; der Leser macht, ohne selbst in Gefahr zu geraten, eine wertvolle Erfahrung.

Bibliografie

Didaktik und Pädagogik

AEBLI, HANS: Didactica psihologică. Aplicaţie în didactică a psihologiei lui Jean Piaget. [Die psychologische Didaktik. Anwendung der Psychologie von Jean Piaget in der Didaktik. Die Originalausgabe erschien 1951in französischer Sprache.] Bukarest: Editura didactică şi pedagogică, 1973.

AUSUBEL, DAVID P., und ROBINSON, FLOYD G.: Învăţarea în şcoală. O introducere în psihologia pedagogică. [Schullernen: eine Einführung in die pädagogische Psychologie. Die englische Originalfassung wurde 1969 veröffentlicht.] Bukarest: Editura didactică şi pedagogică, 1981.

BRUNER, S. JEROME (Hg.): Lernen, Motivation und Curriculum (Ein Konferenz-Bericht). Frankfurt am Main: Athenäum Fischer Taschenbuch Verlag, 1974.

BRUNER, S. JEROME: Procesul educaţiei intelectuale. [Der Prozess der intellektuellen Erziehung.] Bukarest: Editura didactică şi pedagogică, 1970.

CARROLL, JOHN B.: Limbaj şi gîndire. [Sprechen und Denken.] Bukarest: Editura didactică şi pedagogică, 1979.

CERGHIT, IOAN (coordonator): Perfecţionarea lecţiei în şcoala modernă. [Die Vervollkommnung der Unterrichtsstunde in der modernen Schule.] Bukarest: Editura didactică şi pedagogică, 1983.

DAVITZ, JOEL R., und BALL, SAMUEL: Psihologia procesului educaţional. [Die Psychologie des Erziehungsprozesses.] Bukarest: Editura didactică şi pedagogică, 1978.

ELTING, MARY: Das große Antwort-Buch. Hamburg: Tessloff, 1973.

HOFFMANN, HANS-JOACHIM, und KLEMM, PETER G.: Ein offenes Wort. Ein Buch über die Liebe. Berlin/Ost: Neues Leben, [1956] 1967. 12., durchgesehene Aufl.

ILJIN, M.: Was uns die Dinge erzählen. Berlin/Ost, SWA-Verlag, 1947.

OKON, WINCENTY: Învăţămîntul problematizat în şcoala contemporană. [Der problemhafte Unterricht in der zeitgenössischen Schule.] Bukarest: Editura didactică şi pedagogică, 1978.

OSTERRIETH, PAUL A.: Introducere în psihologia copilului. [Einführung in die Psychologie des Kindes.] Bukarest: Editura didactică şi pedagogică, 1976.

PENCIU, P., und PAVLID, V.: Educaţia sexuală. Ce ne întreabă copiii? Ce le răspundem? [Die sexuelle Erziehung. Was fragen uns die Kinder? Was antworten wir ihnen?] Bukarest: Editura didactică şi pedagogică, 1970.

PIAGET, JEAN: Das Weltbild des Kindes. [Die französische Originalausgabe erschien 1926.] Stuttgart: Klett-Cotta, 1978.

PIAGET, JEAN: Der Aufbau der Wirklichkeit beim Kinde. [Die französische Originalausgabe erschien 1937. Eine rumänische Übersetzung wurde 1976 vom Didaktischen und pädagogischen Verlag Bukarest herausgebracht.] Stuttgart: Klett-Cotta, 1974.

SALVADORI, MARIO G.: Construcţii. Lupta împotriva gravităţii. [Bauen: ein Kampf gegen die Schwerkraft.] [New York, 1979.] Bukarest: Editura didactică şi pedagogică, 1983.

SUCHOMLINSKI, WASSILI: Mein Herz gehört den Kindern. Aufzeichnungen eines Erziehers. Berlin/Ost: Volk und Wissen, 1979. 4. Auflage.

ŞCHIOPU, URSULA: Psihologia copilului. Ediţia a doua revizuită şi comentată. [Die Psychologie des Kindes. Zweite, durchgesehene und kommentierte Ausgabe.] Bukarest: Editura didactică şi pedagogică, 1967.

ŞCHIOPU, URSULA, und VERZA, EMIL: Psihologia vîrstelor (ciclurile vieţii). [Die Psychologie der Altersstufen (die Lebenszyklen)]. Bukarest: Editura didactică şi pedagogică, 1981.

TSCHUKOWSKI, KORNEJ: Kinder von 2 bis 5. Berlin/Ost: Der Kinderbuchverlag Berlin, 1968.

Volkskunde

FEHRLE; EUGEN: Deutsche Hochzeitsbräuche. Jena: Diederichs, 1937.

FREUD, SIGMUND: Der Witz und seine Beziehung zum Unbewussten. Frankfurt am Main und Hamburg: Fischer Bücherei, 1958.

SARTORI, PAUL: Westfälische Volkskunde. Leipzig: Quelle & Meyer, 1922.

WREDE, ADAM: Rheinische Volkskunde. [Heidelberg, 1922.] Zweite, vermehrte und verbesserte Aufl. Frankfurt am Main: Weidlich, 1979.

Belletristik

BIERBAUM, OTTO JULIUS: Zäpfel Kerns Abenteuer. Eine deutsche Kasperlegeschichte in 43 Kapiteln. Frei nach Collodis italienischer Puppenhistorie Pinocchio. Köln/Rhein: Schaffstein, [1905] 1920.

BLEUEL, HANS PETER (Hg.): Vorwiegend heiter. Humoristische Erzählungen unserer Zeit. Stuttgart: Europäische Bildungsgemeinschaft, o.J.

CARROL, LEWIS: Alice im Wunderland. Alice im Spiegelland. Leipzig: Philipp Reclam jun., 1981.

COLLODI, CARLO: Pinocchios Abenteuer. Leipzig: Philipp Reclam jun., 1983.

FERRA-MIKURA, VERA: Valentin pfeift auf dem Grashalm. München und Wien: Jungbrunnen, 1970.

HAKEL, HERMANN (Hg.): Jiddische Geschichten aus aller Welt. Tübingen und Basel: Erdmann, [1967] 1968.

HAŠEK, JAROSLAV: Meine Beichte. Leipzig: Philipp Reclam jun., 1986. S. 75-78

IMMERMANN, KARL: Münchhausen. Eine Geschichte in Arabesken. Leipzig: Hesse & Becker [1915].

JANIKOVSZKY, ÉVA: Wenn ich nicht mehr klein bin. [Budapest, 1965.] Budapest: Corvina; Berlin/Ost: Der Kinderbuchverlag Berlin; 1972.

KÄSTNER, ERICH: Der 35. Mai. [1931.] Bukarest: Jugendverlag, 1968.

KISELEV, VLADIMIR LEONTIEVICI: Fetița și aviplanul. [Das Mädchen und das Vogelflugzeug.] Bukarest: Editura „Ion Creangă". 1971.

KORCZAK, JANUSZ: König Hänschen I. [1923.] München: Deutscher Taschenbuch Verlag, 1974.

KRÜSS; JAMES: Mein Urgroßvater, die Helden und ich. Hamburg: Oetinger, 1974.

KRÜSS, JAMES: Pauline und der Prinz im Wind. München: Deutscher Taschenbuchverlag, 1972.

LACHT MIT! Ein lustiges Jugendjahrbuch. Stuttgart, Berlin, Leipzig: Union Deutsche Verlagsgesellschaft. o.J.

LAGIN, L.: Der Zauberer Hottab. Berlin/Ost. SWA-Verlag, o.J.

LINDGREN, ASTRID: Pippi Langstrumpf. Wien: Oetinger, 1978.

LINKLATER, ERIC: Wind im Mond. München: Deutscher Taschenbuch Verlag, 2004.

MALPASS, ERIC: Die Gaylord-Romane. Sonderausgabe. Erster Band: Morgens um sieben ist die Welt noch in Ordnung. [London, 1965.] Zweiter Band: Wenn süß das Mondlicht auf den Hügeln schläft. [London, 1967.] Reinbek bei Hamburg: Rowohlt, 1972.

MARK TWAIN: Huckleberry Finns Abenteuer. Leipzig: Dieterich'sche Verlagsbuchhandlung, 1956.

MARK TWAIN: Tom Sawyers Abenteuer und Streiche. Leipzig: Hesse und Becker, o.J.

MAUROIS, ANDRÉ: Țara celor o mie și una de mendre. [Das Land der 36.000 Launen.] Bukarest: „Ion Creangă", 1976.

SHAW, ELIZABETH: Als Robert verschwand. Berlin/Ost: Der Kinderbuchverlag Berlin, 1975.

TOMIN, JURI: Ein Zauberer geht durch die Stadt. Berlin/Ost: Der Kinderbuchverlag Berlin, 1967.

TÖRÖK, SÁNDOR: Ein Zauberer geht durch die Stadt. Budapest: Corvina, 1968.

THOMPSON SETON, ERNEST: Zwei kleine Wilde. Stuttgart: Franckh, 1924.

TUCHOLSKY, KURT: Zwischen gestern und morgen. Eine Auswahl aus seinen Schriften und Gedichten. Herausgegeben von MARY GEROLD-TUCHOLKY. Reinbek bei Hamburg: rororo Taschenbuch Ausgabe, 1967. S. 104-105.

TUCHOLSKY, KURT: Wo kommen die Löcher im Käse her -? In: Ders.: Zwischen gestern und morgen. S. 116-120.

Folklore

AGRICOLA, CHRISTIANE (Hg.): Schottische Volksmärchen. [Frankfurt am Main und Leipzig, 1991.] Frankfurt am Main: Zweitausendeins, 2001.

BENTZIEN: ULRICH (Hg.): Rat zu, was das ist. Rätsel und Scherzfragen aus fünf Jahrhunderten. Rostock: Hinstorff, 1975.

BÎRLEA, OVIDIU (Hg.): Antologie de proză epică populară. [Anthologie epischer Volksprosa.] 3 Bde. Bukarest: Editura pentru literatură, 1966.

DAHL, JÜRGEN (Hg.): Es steht hinterm Haus. Deutsche Rätsel. Frankfurt am Main und Hamburg: Fischer Bücherei, 1965.

DEUTSCHLAND, DEINE WITZE. München: Heyne, 1980. 7. Aufl.

DIE RÄUBERNACHTIGALL. Belorussische Märchen. (Moskau, 1958; Minsk, 1958.) Berlin/Ost: Volk und Welt, 1969.

GAMBSCH, E. (Hg.): Die 1.000 besten Witze der Welt. München: Droemersche Verlagsanstalt Th. Knaur Nachf., 1996.

HALTRICH, JOSEF: Sächsische Märchen aus Siebenbürgen. [Berlin, 1856.] Bukarest: Kriterion, 1971.

HAȘDEU, B. P.: Literatură populară. [Volksliteratur.] Bukarest: „Grai și suflet – Cultura națională", 2000.

HORÁK, JIŘI: Tschechische Volksmärchen. Erzählt von ... Prag: Artia, 1971.

ISPIRESCU, PETRE: Legende sau basmele românilor. [Legenden oder die Märchen der Rumänen.] [Bukarest, 1882.] Bukarest: Cartea românească, 1988.

KALINA, JAN: Das lachende Lexikon. Witze und Anekdoten von A – Z. München: Heyne, 1984.

KULENKAMPFF, HANS JOACHIM: Höchstvergnügliche Anekdotensammlung. München: Kindler, 1968.

KUNZE, HORST: Dunkel war's, der Mond schien helle. München: Heimeran, 1958.

LANG, RUDOLF WALTER: Zeiten und Menschen im Spiegel der Anekdote. München: Südwest, 1968.

LATTMANN, DIETER, unter Mitarbeit von RADSZUWEIT, SIEGRID (Hg.): Das Anekdoten-Buch. Rund 4.000 Anekdoten von Adenauer bis Zatopek. Frankfurt am Main: Fischer Taschenbuch Verlag, 1979.

LAUDE-CIRTAUTAS, ILSE (Hg.): Märchen der Usbeken. Köln: Diederichs, 1984.

LEUNINGER, HELEN (Hg.): Reden ist Schweigen, Silber ist Gold. Gesammelte Versprecher. Zürich: Ammann, 1993. 4. Aufl.

MEGAS, GEORGIOS A.: (Hg.): Griechische Volksmärchen. Düsseldorf und Köln: Diederichs, 1965.

MERKLE, LUDWIG (Hg.): Das große Hausbuch des Humors. Reinbek bei Hamburg: Rowohlt Taschenbuch Verlag, 1979.

MORARU, SERGIU u.a. (Hg.): Folclor din țara fagilor. [Folklore aus dem Buchenland.] Chișinău: Hyperion, 1993.

MYKYTIUK, BOHDAN (Hg.): Ukrainische Märchen. Düsseldorf und Köln: Diederichs, 1979.

PETZOLDT, LEANDER (Hg.): Balkan-Märchen. Frankfurt am Main: Fischer Taschenbuch Verlag, 1995.

POP RETEGANUL, ION: Povești ardelenești. Basme, legende, snoave, tradiții și povestiri. [Siebenbürgische Erzählungen. Märchen, Sagen, Schwänke, Bräuche und Geschichten.] [Gherla und Brașov/Kronstadt, 1888-1891.] Bukarest: Minerva, 1986.

RADECKI, SIGISMUND VON (Hg.): Das ABC des Lachens. Ein Anekdotenbuch zur Unterhaltung und Belehrung. Hamburg: Rowohlt, 1953.

RÜGER, BRUNO: Rätsel, Jux und Zauberei. Ein Buch zur heiteren Unterhaltung. Berlin/Ost: Henschel, 1966.

SIROVÁTKA, OLDŘICH (Hg.): Tschechische Volksmärchen. Düsseldorf-Köln: Diederichs, 1969.

STEPHENSON, CHARLES (Hg.): Rätsel für 365 und 1 Tag. Berlin/West: Gebrüder Weiss, 1968.

VIIDALEPP, RICHARD (Hg.): Estnische Volksmärchen. Berlin/Ost: Akademie-Verlag, 1980.

WIELAND, HORST [Pseudonym für WALTHER KONSCHITZKY] (Hg.): Banater Volksgut. Zweiter Band. Reime, Rätsel, Kinderspiele. Bukarest: Kriterion, 1989.

WILD, MONIKA (Hg.): Was steht mitten in Paris? Über 1.000 Scherzfragen. Ravensburg: Ravensburger Buchverlag, 1995.

ZAUNERT, PAUL (Hg.): Deutsche Märchen aus dem Donaulande. Jena: Diederichs, 1926.

Der Aufsatz „Fassliche Antworten schmecken nach mehr" war ursprünglich, teils als Vorwort, teils als Nachwort, in einer Anthologie enthalten, die ich 1986 beim Bukarester Kriterion-Verlag veröffentlichte. Ihr Titel lautete: „Warum ist das Wasser nass? Was Kinder fragen/ Wie Eltern antworten".

Der Aufsatz „Wie dein Kind scherzen lernt" ist ursprünglich in der Bukarester Monatsschrift „Volk und Kultur" erschienen, die vom Kulturministerium herausgegeben wurde, und zwar in Fortsetzungen vom Juni 1983 bis zum März 1984.

Der Aufsatz „König Hänschen schenkt Schokolade" ist ursprünglich in der Monatsschrift „Neue Literatur" erschienen, die vom Rumänischen Schriftstellerverband herausgegeben wurde, und zwar im Dezember-Heft 1979.

Alle drei Texte wurden überarbeitet.

Hans Fink